DIE SEIDENSTRASSE

Herausgeberin: Sophie Jutier
DTP: Jean-François Laurent, Francis Rossignol, Isabelle Véret
Illustration: Stéphanie Henry, Chantal Mialon

Parragon Books Ltd
Queen Street House
4 Queen Street
Bath BA1 1HE, UK

Übersetzung aus dem Französischen: Ferdinand Leopold, Hamburg; Helmut Roß, Krenglbach
Lektorat: Kathrin Jurgenowski, Köln
Projektmanagement: Nazire Ergün, Köln
Koordination: trans texas GmbH, Köln

ISBN 978-1-4054-8270-7

Printed in China

DIE SEIDENSTRASSE

Eine Reise auf den Spuren der Abenteurer und Seidenhändler von Asien nach Europa

François Pernot

p

CAVRVS·CHORVS·VEL·IAPIX·SIVE·ARGESTES
CIRCIVS VEL·TRESIIAS
SEPTENTRIO·VEL·APARCTIAS
AQVILO·VEL·BOREAS
CECIAS·APELIOTES
FAVONIVS·ZEPHIRVS
SVBSOLANVS
AFRICVS·VEL·LIBS
LIBONOTVS·EVROAVSTER
AVSTER·VEL·NOTVS
EVRNOTVS
VLTVRNVS·EVRVS
Mare glaciale
EVROPA
ASIA
ARIA
AFRICA
LIBIA INTERIOR
ETHIOPIA·INTERIOR
ARABIA FELIX
MARE·INDICVM
MARE·INDICVM
MARE
PRASODVM
Sinus magnus
Sinus gangeticus
Sinus Barbaricus
Sinus hesperius
Circulus equinoctialis
Tropicus Cancri
Terra incognita secundum ptholomeum

Inhalt

Einleitung

Prachtvoll und elegant kleidet Seide seit frühster Zeit die Größen dieser Welt. Der chinesische Kaiser ließ daraus ebenso seine kostbaren Gewänder fertigen wie die Modeschöpfer unserer Tage ihre besten Kreationen. Seide ist ein außergewöhnlicher Stoff, der dank seiner besonderen Eigenschaften die ganze Welt erobert hat. Ihre weiche, glänzende und elastische Beschaffenheit bindet Feuchtigkeit und erzeugt angenehme Kühle. Ihr besonderes Aussehen verdankt sie dem dreieckigen Querschnitt ihrer Fasern, die das Licht wie ein Prisma reflektieren.

Bereits vor mehr als 2000 Jahren gelangte Seide auf einem langen Weg von ihrer Wiege in China bis an den äußersten Rand der Karawanenstraßen. Seit einigen Jahren werden immer mehr Reisen auf den Spuren von Marco Polo angeboten – irgendwo auf der rund 8000 Kilometer langen Seidenstraße, von Xi'an (Chang'an) durch China, Zentralasien, den Mittleren und den Nahen Osten bis zu den Ufern des Schwarzen Meeres oder des Mittelmeeres. Heute sind die Reisebedingungen auf diesen Wegen ganz andere als zu Zeiten des Venezianers. Die meisten Reisenden – ganz gleich, ob sie nun an Sport, Landschaft oder Kultur interessiert sind – haben es eilig und greifen daher auf moderne Fortbewegungsmittel zurück. Von „der" Seidenstraße bleibt ihnen nur der sehr lange Weg in Erinnerung, auf dem sich weite Wüsten, trockene Steppen, verschneite Gipfel, grüne Täler und karge Hochebenen abwechseln. Kulturell Interessierte besuchen das aus der

Qin-Dynastie stammende Grabmal von Kaiser Qin Shi Huangdi mit seiner Terrakotta-Armee in Xi'an, die Paläste aus tausendundeiner Nacht in Samarkand oder die Basare von Istanbul. Fantasievolle und romantisch veranlagte Reisende träumen von Karawanen mit zahlreichen Kamelen – jenen Wüstenschiffen, die seit fast 2000 Jahren mit bedächtigen, gleichmäßigen Schritten große Strecken auf dieser Route zurücklegen. Manche mögen gar Marco Polo oder die Reiseschilderungen anderer früher Autoren im Gepäck haben.

Wie vielen von ihnen mag indes bewusst sein, dass „die" Seidenstraße, wie sie im 2. Jahrhundert v. Chr. angeblich von dem Chinesen Zhang Qian „eröffnet" wurde, in Wirklichkeit ein Straßennetz darstellt, dessen überaus verschiedenartige Abschnitte sich über den gewaltigen eurasischen Kontinent erstrecken? Dass es auch eine maritime Seidenstraße und Gewürzrouten gab, die Orient und Okzident auf dem Seeweg miteinander verbanden? Dass die Bezeichnung Seidenstraße erst Mitte des 19. Jahrhunderts von dem deutschen Geografen Ferdinand Freiherr von Richthofen geprägt wurde? Oder dass innerhalb dieses riesigen Straßennetzes außer Handelswaren und kostbaren Nahrungsmitteln auch Ideen, Ideologien, Glaubensvorstellungen, Kulturen, Wissen, Botschaften und Staatsgeheimnisse ausgetauscht wurden, die die Geschichte und Kultur der Völker Europas und Asiens nachhaltig beeinflusst haben?

Von der Raupe
zur Seide

Seide ist ein mythenumwobener, kostbarer und weich fließender Stoff. Am Anfang ihrer Produktion steht eine dicke weiße Raupe, deren Gewicht von nur wenigen Gramm mit Gold nicht ausreichend aufgewogen werden kann. Über 400 Arten von Schmetterlingen können Seidenfäden erzeugen, doch keine von ihnen erreicht die Qualität des Maulbeerseidenspinners, der unter dem wissenschaftlichen Namen *Bombyx mori* bekannt ist.

Am Anfang ist das Ei

Seide ist schon deshalb ein Luxusartikel, weil das Leben der Seidenraupe sehr kurz ist. Der Herstellungsprozess beginnt bald nach der Paarung im Frühsommer, wenn der weibliche Schmetterling ungefähr 500 winzige, runde und blassgelbe Eier ablegt. Erschöpft und ausgezehrt stirbt das Weibchen meist bereits eine Woche nach der Befruchtung. Auch das Männchen stirbt, kurz nachdem es mehrere Weibchen begattet hat.

Nach einigen Tagen nehmen die gelben befruchteten Eier eine graue Färbung an. Ihre Entwicklung setzen sie erst im folgenden Frühjahr fort. Die Raupen schlüpfen, wenn die Blätter des Weißen Maulbeerbaums *(Morus alba)* – die Lieblingsspeise der Seidenraupen – sprießen. Als Nahrung kommen auch die Blätter anderer Bäume wie Eiche oder Schwarzer Maulbeerbaum *(Morus nigra)* in Frage, doch die Seidenraupe hegt eine Vorliebe für die Blätter des Weißen Maulbeerbaums und erzeugt eine hochwertigere Seide, wenn diese zur Verfügung stehen.

Um rascher zum Seidenfaden zu gelangen, kann das Schlüpfen der Raupen durch Ausbrüten beschleunigt werden, eine Methode, die bereits Raupenzüchtern in der Antike bekannt war. Dazu bediente man sich unterschiedlichster, teils recht außergewöhnlicher Mittel. So trugen Frauen die Eier in kleinen Säckchen unter der Kleidung, um sie zu „bebrüten", und nachts wurden sie unter die Bettdecke gelegt.

Heute wird die Seidenraupe kontrolliert gezüchtet und beginnt ihre Existenz in einem Brutkasten. Die Eier werden rund zwei Wochen in kleinen Behältern bebrütet, zunächst bei 10–15 °C, dann bei 20–25 °C. Ungefähr acht Tage später schlüpfen die Raupen, die von Anfang an einen nahezu unstillbaren Appetit haben.

Während des nur etwa sechs Wochen dauernden Raupenstadiums erhält die Seidenraupe drei bis fünf

Das Leben eines *Bombyx mori* beginnt im Frühsommer mit der Paarung zweier Maulbeerseidenspinner. Das Weibchen legt ungefähr 500 kleine, blassgelbe, leicht abgeflachte Eier, die nicht größer sind als ein Stecknadelkopf. Das Weibchen geht meist bereits eine Woche nach der Paarung an Erschöpfung und Auszehrung zugrunde, da sich sein Verdauungssystem zurückbildet.

Nachdem er sich mit weiteren Weibchen gepaart und damit zur Arterhaltung beigetragen hat, stirbt der männliche Maulbeerseidenspinner nach nur wenigen Wochen.

Mahlzeiten täglich. Sie bestehen aus frischen Blättern des Weißen Maulbeerbaums, die frisch gepflückt sein müssen. Um 20000 Raupen zu ernähren, benötigt man am ersten Tag 250 Gramm gehackte Blätter, in der fünften Woche jedoch bereits 750 Kilogramm! In der letzten Woche frisst die Raupe ununterbrochen und atmet nur noch durch die zahlreichen seitliche Körperöffnungen (Stigmen).

Nach einem Monat ist die Raupe ausgewachsen. Ihre Größe ist um das Achttausendfache angestiegen, ihr Gewicht sogar um das Zehntausendfache! Ein derart rasantes Wachstum erfordert mehrmaliges Häuten. Die erste Häutung erfolgt um den vierten Tag, die zweite um den elften, die dritte um den 17. und die vierte um den 25. Tag.

Die ausgewachsene Raupe besitzt einen durchscheinenden Körper. Sie hört auf zu fressen und beginnt sich zu verpuppen. Hierzu verankert sie sich im Reisig, das der Züchter auf einem Gitterrost bereit-

Seite 12: Die Kokons werden in Reisigbündel gelegt (meist aus Heidekraut) oder auf Gitterroste, die mit Plastikigeln bestückt sind.
Ganz oben: Seidenraupe beim Schlüpfen.
Oben: Ernte von Maulbeerbaumblättern in Suzhou (China). Wenn die Seidenraupen im Frühling schlüpfen, sprießen auch die ersten Blätter des Weißen Maulbeerbaums *(Morus alba)*, die beste Nahrung für die hungrigen Raupen.
Rechts: Ausgewachsene Seidenraupe nach der vierten Häutung. Während des sechswöchigen Raupenstadiums bekommen die Raupen drei- bis fünfmal täglich frische Maulbeerbaumblätter.

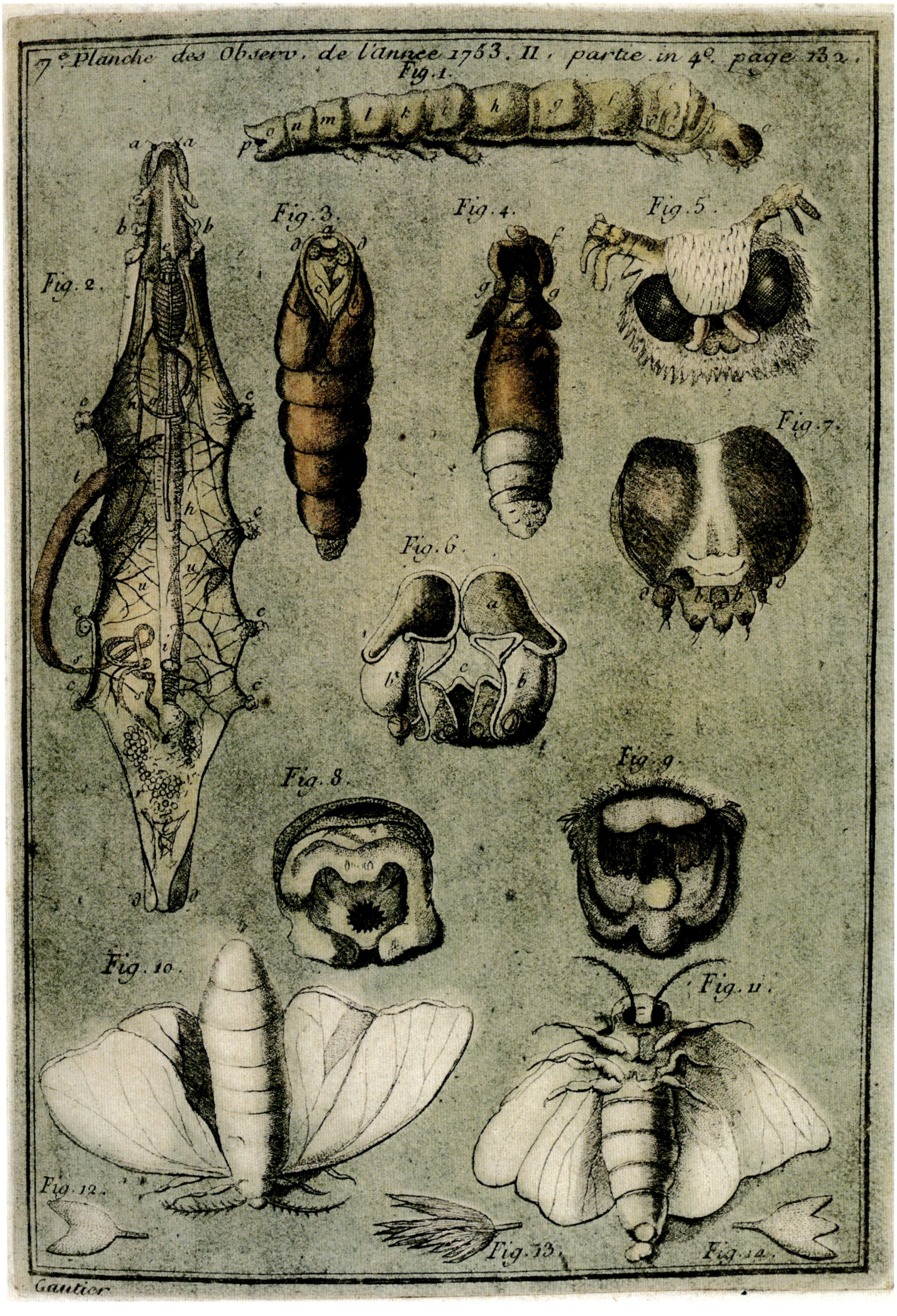
7e. Planche des Observ. de l'Annee 1753. II. partie in 4o. page 132.
Fig. 1.
Fig. 2.
Fig. 3.
Fig. 4.
Fig. 5.
Fig. 6.
Fig. 7.
Fig. 8.
Fig. 9.
Fig. 10.
Fig. 11.
Fig. 12.
Fig. 13.
Fig. 14.
Gautier

legt. Statt der Zweige werden heute auch „Igel" aus Plastik verwendet.

Mithilfe ihrer beiden länglichen Spinndrüsen, deren Sekret aus dem Mund austritt und die ungefähr ein Viertel des Körpergewichts ausmachen, scheidet die Raupe zwei Speichelfäden aus, die sich vereinigen und zu einem Seidenfaden verfestigen. Dieser Faden besteht aus zwei Substanzen: Fibroin (75–80%) als Kern und Sericin (20–25%) als Hülle. Indem sie sich dreht und mit dem Kopf die Form einer Acht beschreibt, spinnt sich die Raupe drei oder vier Tage lang mit dem Faden ein. Dabei soll sie rund 300000 Kopfbewegungen vollführen! Für einen fertigen Kokon benötigt sie 700–1600 Meter Faden. Manche Kokons von einem *Bombyx mori* sollen sogar mehr als 3000 Meter Faden enthalten! Fragt sich nur, wie man den Anfang des Fadens finden und ihn abrollen soll ...

Die Farbe des Kokons reicht von Weiß über Gelb bis Hellrosa, abhängig von den abgesonderten chemischen Substanzen. Er besteht aus einer Außenhülle und der Mittelschicht mit dem eigentlichen, aufgerollten Seidenfaden.

Nachdem die Raupe vier Tage lang an ihrem Kokon gearbeitet hat, schläft sie ein, um sich zu verpup-

Seite 14: Die Entwicklung des Seidenspinners, Farbtafel aus dem Jahr 1753.
Oben: Moderne Raupenzucht, Zhejiang (China).
Seite 16–17: Raupenzucht an der chinesischen Seidenuniversität. Einem chinesischen Volksglauben zufolge kann sich die Seidenraupe nur entwickeln, wenn sie gut versorgt wird. So soll sie auch sehr empfindlich auf Kälte, Feuchtigkeit und Schmutz reagieren, außerdem soll sie weder Lärm noch Tränen, starke Gerüche ... oder schwangere Frauen vertragen! Daher dürfen bis heute alle Frauen, die mit Seidenraupen Kontakt haben, weder rauchen noch sich schminken oder Knoblauch essen!

1-papillon femelle dont les ailes Commencement à se déployer.
2-papillon mâle dont les ailes sont Entierement deployées, mais pas Encore Etenduës.

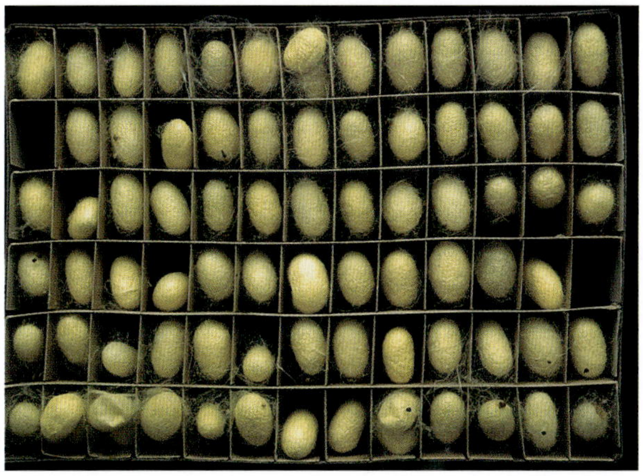

pen und rund zwei Wochen später als Schmetterling zu schlüpfen. Doch zunächst gilt es, sich aus dem Kokongefängnis zu befreien. Hierzu sondert die Puppe mit ihrem Speichel ein Enzym ab, das die zahlreichen Fadenschichten aufweicht und zerreißt. Der Züchter lässt einige Schmetterlinge schlüpfen, um mit ihren Eiern seinen Betrieb aufrechterhalten zu können. Dem geschlüpften Schmetterling bleibt allerdings nur wenig Zeit, um durch Befruchtung und Eiablage zur Arterhaltung beizutragen.

Die Verarbeitung des Seidenfadens

Der Züchter muss verhindern, dass sich die Raupe in einen Schmetterling verwandelt, denn dieser würde den Kokon aufweichen, um zu schlüpfen, und den Seidenfaden somit wertlos machen. In der Antike verkauften die Züchter die Kokons schnell an Weber, noch bevor sie von den Schmetterlingen aufgesprengt wurden. Doch schon bald fand man für dieses Problem Abhilfe: Man behandelte die Kokons mit Heißluft oder kochendem Wasser. Die Raupe wird dabei abgetötet, die Kokons verfärben sich weiß und die Seide kann abgehaspelt werden. Hierzu werden die Kokons einige Minuten in kochendem Wasser ein-

Seite 18: Die Farbtafel zeigt ein Weibchen, deren Flügel sich entfalten, und ein Männchen mit entfalteten, aber noch nicht ganz gestreckten Flügeln.
Oben: Japanischer Kokonkasten. Je nach Art der chemischen Substanzen, die von der Raupe abgesondert werden, reicht die Farbe der Kokons von Weiß über Gelb bis Rosa.

Oben: Historische Darstellung einer chinesischen Seidenweberei. **Unten, von links nach rechts:** China, Provinz Zhejiang. Damit sich die verpuppten Raupen nicht in Schmetterlinge verwandeln können, werden sie abgetötet. Danach werden die Kokons 20 Minuten in kochendem Wasser eingeweicht. Die nun weißen Kokons werden vorsichtig gebürstet, um das Fadenende freizulegen und den Seidenfaden abhaspeln zu können.

geweicht und dann vorsichtig gebürstet, um den Fadenanfang freizulegen. Im alten China rührte man das Wasserbad mit einem rauen Stock um, damit sich die Fadenenden an das raue Holz hefteten und die Kokons auf diese Weise abgewickelt werden konnten.

Der Speichel der Seidenraupe hat einen Durchmesser von 30 tausendstel Millimeter. Um einen Seidenfaden zu verweben, sind mindestens vier einzelne Fäden notwendig. Das Zusammenführen einer mehr oder weniger großen Zahl einzelner Fäden (je nach Dicke) geschieht beim Filieren und Doublieren. Bevor der Kokon ganz abkühlt ist, führt man die Speichelfäden von vier bis sieben Kokons zusammen. Diese verschweißen sich miteinander, wenn die Sericinhülle abkühlt. Den so gewonnenen Faden wickelt man auf eine Haspel. Zunächst bediente man sich einer Handspindel, um die mehr als 1000 Meter lange Seidenfäden zu verarbeiten. Später wurde hierfür das Spinnrad eingesetzt, das zweifellos in China entwickelt wurde. Durch arabische Eroberer, Reisende, Missionare und Händler gelangte es schließlich bis nach Südeuropa.

Der so gewonnene flachsfarbene Faden ist noch von Sericin (Seidenleim) umhüllt und wird als Rohseide (Grège) bezeichnet. Die Rohseide wird anschließend in eine heiße Seifenlösung getaucht, um die Sericinhülle zu entfernen (Degummieren oder Entbasten). Der Seidenfaden erhält nun seinen Glanz. Die Fäden werden einzeln auf Filiermaschinen vorgedreht (filiert), zu mehreren Fäden auf eine Spule aufgewickelt (doubliert) und unter Drehung gezwirnt (mouliniert).

Oben: Blick in eine voll mechanisierte chinesische Seidenfabrik.
Unten: Provinz Zhejiang, China. Die abgehaspelten Seidenfäden werden einzeln vorgedreht (filiert), zu mehreren Fäden auf eine Spule gewickelt (doubliert) und unter Drehung gezwirnt (mouliniert).

Wie bei bei anderen Stoffen aus Schaf- oder Baumwolle kommt auch beim Weben der Seide ein Webstuhl zum Einsatz. Dabei werden eine Reihe von senkrechten Fäden (Kette) mit einer Reihe von waagerechten Fäden (Schuss) verkreuzt. In der Weberei unterscheidet man Schussseide (Trame) und Kettseide (Organsin). Die jeweilige Anordnung der Kettfäden und die verwendete Bindung gestatten die Erzeugung völlig verschieden wirkender Stoffe mit dem gleichen Fadentypus.

Ebenso kommt dem Färben und Besticken des Seidenstoffs große Bedeutung zu, da diese Arbeitsschritte die Wertigkeit des Produkts erst voll zur Geltung bringen. Bereits in der Antike wurden Seidenstoffe gefärbt und bestickt. Während man im 3. und 2. Jahrhundert v. Chr. noch überwiegend weiße Tuniken trug, fand man später zunehmend Gefallen an gefärbten Gewändern. Die weißen Seidentogen der römischen Patrizier wurden durch einen purpurnen Besatzstreifen aufgewertet, während man die Tuniken der Auguren mit scharlachroten Streifen und einem purpurnen Band verzierte. Der hierfür benötigte Farbstoff, der von der Purpurschnecke abgesondert wurde, war seit langer Zeit bekannt, doch variiert der Farbton je nach Epoche, Land und Zeitgeschmack von Violett über Blauviolett, Dunkelrot und leuchtend Rot bis zum Rot von geronnenem Blut. Rot war gleichbedeutend mit Feuer, Fruchtbarkeit, Macht und Sieg. So ist es verständlich, dass die purpurfarben verzierten Seidentogen und -tuniken zunächst den Priestern und Herrschern vorbehalten waren, später durften auch Patrizier und Magistrate sie tragen, dem einfachen Mann blieben sie jedoch noch lange verwehrt. Seit Beginn der christlichen Zeitrechnung wurden die Seidenstoffe überdies verziert, beliebt waren Darstellungen von Lebewesen (biblische Themen), Tiermotiven (Adler, Ente, Elefant, Leopard, Einhorn, Pfau, Tiger usw.) oder Pflanzen (Rose), mit geometrischen Mustern,

Schnörkeln, Arabesken, Streifen, Schachbrettmustern und Ähnliches.

Seide war zu Zeiten Caesars ein äußerst beliebter Stoff im Römischen Reich, doch sie blieb immer einer Elite vorbehalten. Um der scheinbar ausufernden Verwendung von Seide Einhalt zu gebieten, traf Kaiser Augustus zu Beginn des 1. Jahrhunderts n. Chr. die Anordnung, dass nur noch die Angehörigen bestimmter Gesellschaftsschichten seidene Kleidung tragen durften und Männer nur in begrenztem Maß, denn man war der Auffassung, ein Mann im Seidengewand zeuge von weibischem Geschmack und Dekadenz. So schreibt Seneca in den *Wohltaten*: „Ich erblicke seidene Gewänder, falls man Gewand jene Stoffe nennen kann, die nichts bieten, das den Körper zu beschützen vermag, nicht einmal das Schamgefühl. Eine Frau, die ein solches anlegt, wird sogleich schwören, ohne dass man ihr glauben kann, dass sie nicht nackt sei. Genau dies aber lässt man zu gewaltigen Kosten aus obskuren Landen kommen, damit unsere Damen selbst ihren Liebhabern in ihrem Gemach nicht mehr von sich preisgeben als in der Öffentlichkeit."

Auch der spanische König musste 1234 ein Gesetz erlassen, um das Tragen von seidener Kleidung einzuschränken. Und sogar noch 1675 schreibt eine englische Verordnung vor, dass „jeder, der nicht Land von 100 Pfund besitzt, nicht darf tragen Damast, Seide, Taft, sei es als Robe, Mantel oder anderes Obergewand".

Seite 22 und unten: Die aufwendig vorbereiteten Seidenfäden werden als Schussseide (Trame) oder Kettseide (Organsin) im Webstuhl eingesetzt.

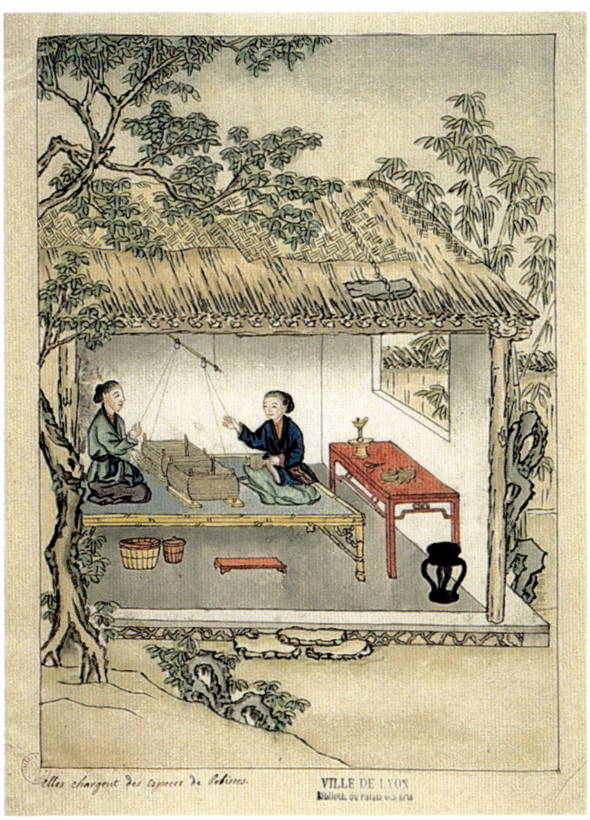

Die Anfänge der Seidenproduktion

Im 3. Jahrhundert v. Chr. wurde Seide zu einer überregionalen Handelsware, die auf dem nach ihr benannten Straßennetz in den Westen gelangte. Die Geschichte dieses Stoffes ist jedoch noch einige Tausend Jahre älter.

Die erste schriftliche Erwähnung der Seide steht im Zusammenhang mit einem indischen König, der um 3870 v. Chr. einem persischen Herrscher einige Seidentücher zum Geschenk machte. Eigentlich könnte diese Quelle gegen den chinesischen Ursprung der Seide sprechen, doch die Textstelle ist historisch nicht gesichert und scheint eher ins Reich der Legende zu gehören.

Dies gilt womöglich auch für eine Passage in den Schriften des Konfuzius. Demnach soll Huangdi, der legendäre erste chinesische Kaiser um 2700–2650 v. Chr., seine Gattin Xiling Shi aufgefordert haben, in den Palastgärten nachzuforschen, warum die dort gepflanzten Maulbeerbäume eingegangen waren. Diese liest einige Kokons auf und lässt einen von ihnen versehentlich in eine Tasse mit kochend heißem Tee fallen. Als die Kaiserin versucht ihn herauszufischen, entrollt sich der Kokon zu einem endlosen Seidenfaden. Sie beschließt, ihn auf eine Spule zu wickeln, um ein Verwirren des Knäuels zu verhindern. Dann beschäftigt sich Xiling Shi genauer mit ihrem Fund, und man erzählt, dass sie selbst herausfand, wie man Seidenraupen züchtet und ihre Kokons abhaspelt. Doch nur sie und ihr Gefolge kannten das Geheimnis der Seidengewinnung. Ein kaiserliches Dekret bedrohte jeden mit Folter und Tod, der das Geheimnis des weißen Kokons preisgab. So war es auch bei Todesstrafe verboten, Eier, Raupen und auch nur Stecklinge des Maulbeerbaums außer Landes zu bringen. Kaum entdeckt, wurde die Seidenproduktion so zum Staatsgeheimnis.

Und tatsächlich wurde das Geheimnis der Seidenerzeugung viele Hundert Jahre lang wohl gehütet. Die Römer glaubten lange Zeit, dass Seide aus einer Pflanzenfaser gewonnen wurde.

Die Kunst der Raupenzucht, Seidenverarbeitung und -weberei blieb bis um 550 n. Chr. ein Monopol der Chinesen, denen insbesondere die Seidenweber als echte Künstler galten. So ist leicht verständlich, dass in China allein der Kaiser, seine Familie und die höchsten Würdenträger seidene Gewänder anlegen durften. Der Kaiser trug eine weiße Seidenrobe, wenn er im Palast weilte, und eine gelbe, wenn er sich außerhalb des Palastes aufhielt. Gleiches galt für seine Schärpen, Sonnenschirme, Standarten und sogar für das Leichentuch. Nur seine erste Gemahlin und der Erbprinz hatten ebenso ein Anrecht auf gelbe Seide.

Der geheimnisvolle und prestigeträchtige Seidenstoff wird seit jeher durch verschiedene Motive aufgewertet, wie z. B. durch Blumen (vor allem die Rose), Tiere (Adler, Elefant, Einhorn, Tiger usw.), biblische oder mythologische Symbole oder abstrakte Muster wie Schlaufen, Arabesken und Rosetten.

Das Verbot, seidene Gewänder zu tragen, wurde allerdings mit der Zeit immer mehr missachtet. Nach und nach ließ sich ein immer größerer Kreis von Personen Seidenkleider fertigen – zunächst Offiziere und hohe Staatsbedienstete, dann reiche Landbesitzer und vereinzelt auch wohlhabende Kaufleute.

Anfang des 5. Jahrhunderts gelangte das streng gehütete Geheimnis der Seidenerzeugung dann in den Westen. Der Legende zufolge brachte eine chinesische Prinzessin zu ihrer Hochzeit mit einem lokalen Herrscher der Oase Hotan, die am südlichen Zweig der chinesischen Seidenstraße am Rand der Taklamakan-Wüste liegt, Seidenraupen und Maulbeerpflanzen mit, die sie in ihrem Haarknoten versteckt hatte.

Die Seidenerzeugung außerhalb Chinas setzt jedoch erst um 550 n. Chr. ein, zunächst im Mittleren Osten, später auch in Europa. Dann folgen weitere Länder wie Korea und Japan, bis schließlich China seine Fertigkeiten bei der Zucht von Seidenraupen an Indien preisgab.

Inzwischen wurde Seide auch zu Dekorationszwecken genutzt. In China hatte Seide bereits seit der Antike einen festen Platz im Alltagsleben. Sie wurde darüber hinaus zu robusten Fischernetzen, Bogensehnen oder Instrumentensaiten verarbeitet. Flockseide diente zum Wattieren der Winterkleidung und sogar zur Papierherstellung. Aus Seide ließ sich auch ein wasserdichtes Gewebe herstellen, in dem man Flüssigkeiten transportierten konnte. So war Seide in China allgegenwärtig.

Die besondere Bedeutung, die die Seide in vielen Bereichen des Lebens hatte, spiegelt sich auch in der chinesischen Sprache wider. „Mehr als 230 der 5000 gängigsten Schriftzeichen", so die Historikerin Luce Boulnois in ihrem Buch *La route de la soie (Die Seidenstraße)*, „sind vom Zeichen für Seide abgeleitet, darunter auch das Schriftzeichen für Papier."

Oben: Seidenrobe eines chinesischen Würdenträgers. In China blieb Kleidung aus gelber Seide lange Zeit dem Kaiser und seiner Familie für Aufenthalte außerhalb des Palastes vorbehalten; im Palast trugen sie weiße Seidengewänder.
Seite 27: Abhaspeln und erste Schritte der manuellen Seidenverarbeitung in einer alten chinesischen Darstellung.

Die Legende von Cannü

Zu Lebzeiten des legendären chinesischen Kaisers Gaoxin wurde der Vater einer jungen Frau namens Cannü von Räubern entführt. Sein Pferd kehrte ohne ihn zurück. Cannü klagte unablässig, und ihre Mutter schwor, ihre Tochter dem Mann zur Frau zu geben, der ihren Gemahl befreien und lebendig zurückbringen würde. Vergeblich. Die Zeit verstrich. Doch eines Nachts riss das Pferd des Meisters aus, um ein paar Tage darauf mit Cannüs Vater zurückzukehren. Im ganzen Haus herrschte Feierstimmung, doch das Pferd wurde immer wilder, wieherte unablässig und trampelte mit den Hufen. Die Mutter berichtete ihrem Mann nun von ihrem Schwur. Daraufhin tötete dieser voller Zorn das Pferd, zerlegte es und hängte das Fell zum Trocknen auf. Als Cannü an der sterblichen Hülle des unglückseligen Tieres vorbeikam, stülpte sich das Fell plötzlich über sie und flog mit ihr in einen Maulbeerbaum, und Cannü verwandelte sich in eine Seidenraupe. Der chinesische Volksglaube machte sie zur Schutzpatronin der Seidenraupen und Maulbeerbäume.

1- Il dechire et detourne des Cocons, pour les vuider avant de les filer.
2- Elles filent des Cocons.
VILLE DE LYON
Biblioth. du Palais des Arts

Weitere Lieferanten von Seide

Als Wildseiden bezeichnet man die Kokongespinste verschiedener wild lebender oder halbwilder Schmetterlingsarten. In der Mandschurei und in Indien liefert der Tussahspinner die Tussahseide, die härter ist als die Seidenfäden des *Bombyx mori*. Aus ihr werden hochwertige Stoffe produziert, die in China als Tussor und in Indien als Tassar bekannt sind.

Außerdem wird aus dem Gespinst der *Nephila madagascariensis* – eine Spinnenart – die sogenannte Spinnenseide hergestellt. Muschelseide oder Byssus gewinnt man aus dem seidigen Greifbart verschiedener Steckmuschelarten. Mugaseide schließlich ist eine goldfarbene Seide aus dem Gespinst des in Indien heimischen Eichenspinners *Antheraea assamensis*.

Pelseide ist Haspelseide von minderwertigen Kokons. Sie wird für Einlagen verwendet. Bis zu 20 Kokonfäden werden beim Abhaspeln zu einem Faden vereinigt und über Rollen zum Haspelrad geführt. Die innere, stark verklebte Schicht und die äußere Flockseide lassen sich zu Schappeseide verspinnen. Die Abfälle der Schappespinnerei werden zu Bourretteseide verarbeitet.

Bisweilen spinnen zwei Raupen einen gemeinsamen Kokon. Seine Fäden lassen sich nur schwer abhaspeln und sind daher für die klassische Verarbeitung ungeeignet. Die mittels spezieller Verfahren abgehaspelten Doppelkokons liefern eine grobe, unregelmäßige Seide (Doupion).

Bindungsarten der Seide

Zur Herstellung von Seidengewebe werden verschiedene Bindungsarten angewandt. Die Taftbindung entsteht durch eine einfache Verkreuzung der Kett- und der Schussfäden. Taft ist in der Regel ein glänzendes Gewebe mit trockenem, raschelndem Griff. Nach abnehmendem Gewicht unterscheidet man Gros, Marcellin, Florence und Faille. Als Crêpe bezeichnet man eine Gruppe von

Warenmuster des Ateliers Tassinari (Lyon).

Geweben, deren stärkere Zwirnung ihnen ein besonderes Aussehen und hohe Geschmeidigkeit verleiht. Musselin, Organza, Voile und Grenadine sind leichte, matte Gewebe aus feinen, verdrillten Fäden, die aufgrund des größeren Abstands durchscheinend sind. In Taftbindung gewebt sind auch Toile, Pongé (Japanseide), Schantung und Tussor.

Die Köperbindung ist durch einen diagonalen Verlauf der Bindungspunkte charakterisiert. Typische Beispiele sind Twill, Surah, Fischgrät-, Zickzack- und Rautenmuster.

Atlas- oder satinbindige Stoffe weisen verdeckte Bindungspunkte auf, die ihnen eine glatte und strukturlose Oberfläche verleihen.

Zu den besonderen Geweben zählen Rips, Régence und Pikee mit geradlinigen Längsrippen, Ottoman und Cannelé mit mehr oder weniger groben Querrippen und schließlich der berühmte Velours mit seinem aufgerichteten, egalisierten und geschnittenen Flor. Weitere Beispiele sind Gaze, Bajadere, Schottentuch usw.

Die vielfältigen Muster der fassonierten oder Jacquard-Gewebe entstehen allein durch Bindungswechsel. Vorrangige Vertreter sind Brokat und Lamé, deren Muster wenigstens teilweise aus Gold- oder Silberfäden bestehen. Bekannt und beliebt sind ebenso Damast, Matelassé, Cloqué (Blasenkrepp), fassonierte Veloursgewebe, Lampas, broschierte Gewebe usw.

Kreationen von Tassinari und Chatel. Farbgebung und Muster greifen die Mode des ausgehenden 18. Jahrhunderts auf: Kränze, Körbe, Blätter und Schnörkel auf grünem Grund oder Blätterkronen, Musikinstrumente und Blumendekor auf blassgelbem (ungebleichtem) Grund.

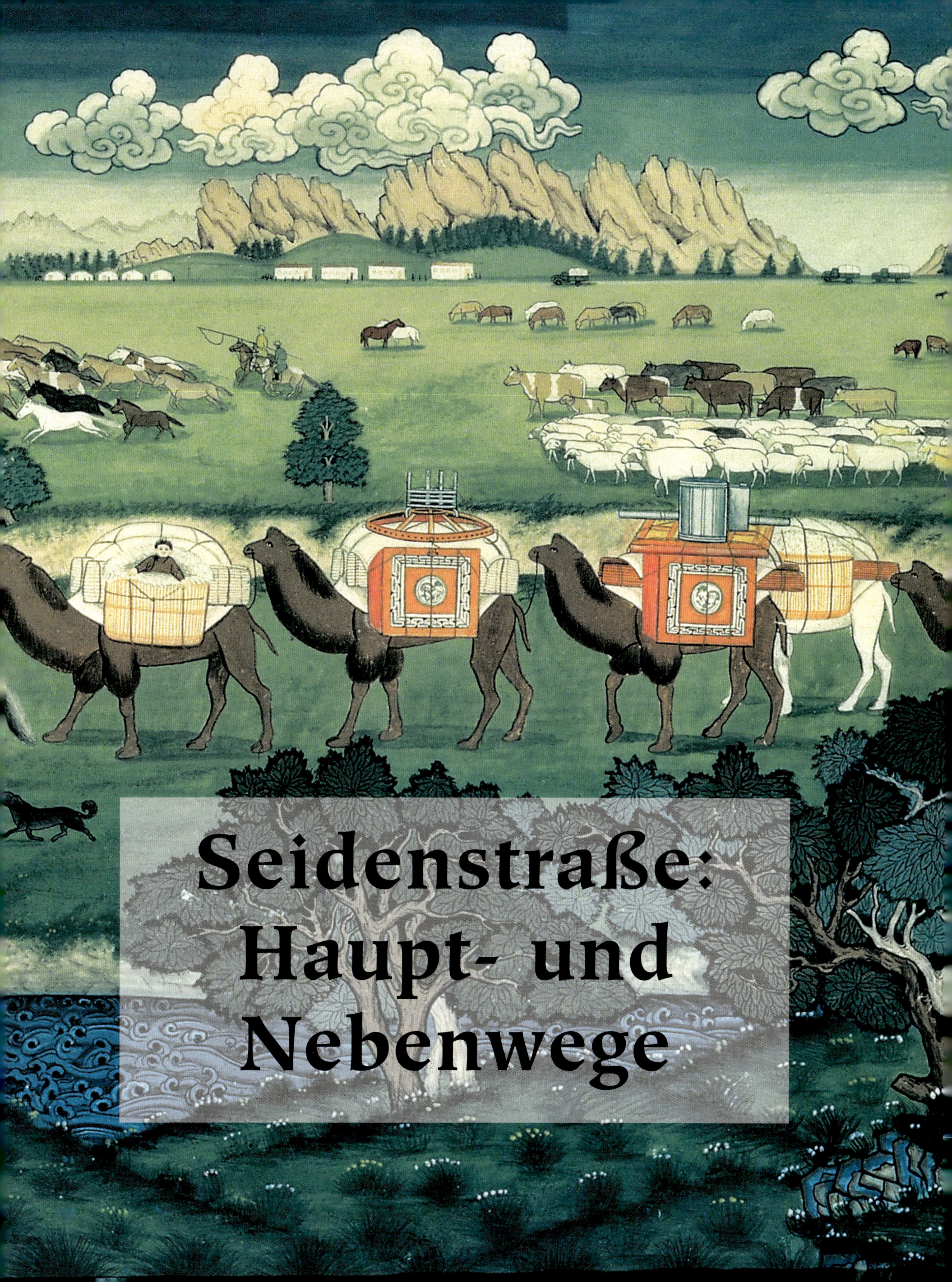

Seidenstraße: Haupt- und Nebenwege

Was allgemein als Seidenstraße bezeichnet wird, ist in Wirklichkeit ein gewaltiges Straßennetz zwischen zwei Welten, eine Schnittstelle zwischen Orient und Okzident, zwischen dem Reich der Mitte und dem Mittelmeer – eine Route, die seit der Han-Dynastie (202 v. Chr. bis 220 n. Chr.) über 1000 Jahre lang regelmäßig von Karawanen bereist wurde. Dabei zogen die Karawanen nicht nur mit Seide beladen gen Westen.

Entstehung der Seidenstraße

Das 2. Jahrhundert v. Chr. ist ein entscheidender Wendepunkt in der Geschichte der Beziehungen zwischen Orient und Okzident. Zwei Großmächte bilden sich heraus: Im Osten bemüht sich die Han-Dynastie um ein vereinigtes China, und im Westen expandiert das Römische Reich.

Markiert dieses Jahrhundert auch die Entstehung der Seidenstraße? Es gibt keine Schriftzeugnisse, die diese Entwicklung mit einem konkreten Datum belegen. Der Überlieferung nach soll Zhang Qian, oberster Palastwächter von Kaiser Wudi (140–87 v. Chr.), für das Entstehen der Seidenstraße verantwortlich gewesen sein.

Zunächst wurde ausschließlich innerhalb des chinesischen Reiches mit Seide gehandelt. Karawanen verbanden den Ostteil des chinesischen Reiches mit den westlichen Randzonen. Doch Hirtennomaden wie die Xiongnu, die die Aussicht auf reiche Beute lockte, überwanden die Große Mauer und überfielen diese Karawanen. Der Han-Kaiser Wudi ließ darauf die Verteidigungslinien nach Zentralasien verlagern und die Handelsrouten jenseits der Reichsgrenzen ausbauen. Kleine, aufrührerische Stämme wurden ins Reich eingegliedert, während man mit den großen Nomadenvölkern Zentralasiens Bündnisse schloss. Die Armee wurde mit kräftigen, robusten Pferden ausgerüstet, die einen Krieger samt Rüstung tragen konnten. Diese schlagkräftige Streitmacht war nunmehr gegen die berüchtigten Reiter der Xiongnu gewappnet. Bis dahin hatten die chinesischen Reitertruppen nur über kleinwüchsige Pferde verfügt. Der Legende nach wollte Wudi „himmlische Pferde" für seine Armee, Pferde aus dem Fergana-Tal im Nordwesten Chinas, jenseits des Tian-Shan-Gebirges.

Daher schickte Kaiser Wudi im Jahr 138 v. Chr. Zhang Qian in die „westlichen Lande" (die heutige Region Xinjiang), um bei den zentralasiatischen Stämmen große Pferde zu erwerben und eine sichere Handelsroute zu finden, die den Osten mit dem Westen des Reiches der Mitte verband. Von einer Hundertschaft und großen Schaf- und Rinderherden begleitet und mit reichlich Geld und Seidenbündeln

Seite 32: Die Chinesische Mauer ist ein über 6000 Kilometer langer Schutzwall gegen äußere Feinde. Mit dem Bau wurde bereits im 3. Jahrhundert v. Chr. begonnen. Der heutige Verlauf geht auf die Ming-Periode (15.–17. Jahrhundert zurück).
Ganz oben: Bronzepferd aus der Han-Dynastie (2. Jahrhundert n. Chr.). Die „himmlischen Pferde" aus dem Ferghana-Tal waren ein beliebtes Thema der Künstler.
Oben: Fergana-Pferd. Grabbeigabe aus bemaltem und lackiertem Ton, Tang-Dynastie. Von den Mongolen lernten die Chinesen das Reiten und vor allem das Kämpfen zu Pferd.

ausgestattet, begab sich Zhang Qian auf eine mehrjährige Reise. Er verließ Xi'an (Chang'an) und erreichte Loulan (unweit des heutigen Ruoqiang), Yuli, Guizi (Kuqa), Kaschgar (Shule), Yutian (Hotan) und Wushun (am Fluss Ili). Dann wurde er von den Xiongnu gefangen genommen, doch nach rund zehn Jahren gelang ihm die Flucht. Als weitere Stationen sind Dayuan, Kandjou, Dayuezhi (im heutigen Xinjiang), Sogdien, Baktrien und das Amu-Darja-Tal in Zentralasien überliefert, bevor er 126 nach Xi'an zurückkehrte.

Ist es dieser langen Reise und den dabei geknüpften Kontakten zu verdanken, dass die von Zhang Qian „besuchten" Völker Botschafter nach China entsandten und Kaufleute einen blühenden Handel begannen, der die Grundlagen für die Seidenstraße legte? Vielleicht. Bleibt die Frage nach der Glaubwürdigkeit oder den Folgen dieser Reise. Da Seide im damaligen China bereits seit mindestens 1000 Jahren bekannt war, darf bezweifelt werden, dass der Stoff erst ab dem 2.–1. Jahrhundert v. Chr. zur Handelsware wurde. Der Entstehungszeitraum der Seidenstraße bleibt somit überaus vage. Sicher ist nur, dass Texte aus dem 1. Jahrhundert v. Chr. von Seide im östlichen Mittelmeerraum (vor allem Tyros und Sidon in Phönizien) und auch auf römischen Märkten sprechen und die Seidenstraße folglich bereits existierte.

Im Westen war Alexander der Große einer der Ersten, der die wirtschaftliche Bedeutung des Straßennetzes erkannte: 329 v. Chr. überschritt er den Syr Darja und schloss Abkommen mit den Skythen, damit die Karawanen ungehindert auf diesen Straßen verkehren konnten. In römischer Zeit wurde mit zunehmender Expansion des Reiches der Handel mit dem Osten intensiviert; ab dem 1. Jahrhundert v. Chr. exportierte China immer mehr Seidenerzeugnisse ins Römische Reich. In Rom wurde Seide rasch zu einem beliebten Luxusgut, von dem man nur wusste, dass es aus dem Land der Serer (China) stammte. Chinesische Chroniken erwähnen bereits ab etwa 160 n. Chr. das Eintreffen von Römern am Hof von Kaiser Huangdi, doch die Römer hatten weiterhin eine vage Vorstellung von jenem Land, das sie irgendwo jenseits des Euphrats vermuteten. Da die Seidenstoffe schwer waren, bevorzugten die Römer den Import von Seidengarn und Rohseide – erst über die Parther, dann die Sassaniden. Aus diesen Produkten fertigten sie Prachtgewänder zunächst aus reiner Seide, dann aus Mischseide. Diese römischen Gewänder – Togen und Tuniken – wurden mit den unterschiedlichsten Farben gefärbt, von Safrangelb über Himmelblau und kaiserliches Purpur bis zu kräftigem Violett. Dann wurden sie kunstvoll mit abstrakten Mustern, Blumen, Tieren, Landschaften oder mythologischen Motiven bestickt.

Oben: Alexander der Große. Dem Bildhauer Menas zugeschriebene Statue aus dem 2. Jahrhundert v. Chr. **Seite 35:** Karte einer nordchinesischen Provinz. Für die Römer war China, das sagenhafte, ferne Land der Serer, Lieferant jener kostbaren Stoffe, mit denen sich Adelige schmückten.

Seit Beginn der christlichen Zeitrechnung existierte somit eine ungefähr 7000 Kilometer lange Handelsroute, die China, Zentralasien, Nordindien, das Parther- und das Römische Reich verband. Im Westen wurde mit der Gründung von Konstantinopel im Jahr 330 n. Chr. durch Kaiser Konstantin der Zerfall des Römischen Reiches beschleunigt. Nach dem Tod von Theodosius I. im Jahr 395 wurde die Trennung des Reiches endgültig: Von nun an gab es ein Weströmisches Reich, dessen Niedergang durch wiederholte Vorstöße der „Barbaren" noch beschleunigt wurde, und ein Oströmisches Reich, das dagegen immer mächtiger wurde.

Im 3. Jahrhundert n. Chr. nahm der Nordwesten Indiens eine immer bedeutendere Rolle im Seidenhandel ein. Die Region trat als Zwischenhändler zwischen China und den Mittelmeerländern auf, das Luxusgut Seide wurde gewinnbringend ins Römische Reich verkauft. So entstand eine fruchtbare Handelsbeziehung zwischen China und Indien, die sich gegen Ende der Han-Dynastie weiter intensivierte. Inzwischen hatten die chinesischen Kaiser ihre Armee mit Pferden aus dem

PECHELI, SIVE PEKING, IMPERII SINARVM PROVINCIA PRIMA.
Stadia Sinensia quorum 250 uni gradui respondent
Milliaria Germanica quorum 15 unum Constituunt gradum
LEAOTVNG PARS.
ÇANG SINVS PARS.
PROVINCIÆ
XVNTIEN
Iungping
Hokien
Tiencin
Salinæ
Quangning
Ningyuen
Chungtiao M.
Xanghai

Le liure marc paul

Cy dist de lisle de seilan.

Quant len se part de lisle de angamanain. et on va entour mil
le milles par ponent aucune chose ny a mais alant vers garbin
adonc treuue len lisle de seilan. qui est tout vraiement la
meilleur isle qui soit ou monde de sa grandesce. Et sachiez
que elle dure bien .ii.m. iiii.c milles. Mais anciennement e
stoit greigneur. car elle duroit bien environ trois mille selonc ce que les bons
mariniers dient de celle mer. Mais le vent de tramontaine y vente si fort qui
a fait une grant quantite de celle souls aigue. Et celle est la choison pour
quoy elle nest si grant comme elle fu jadis. Mais sachiez que de la ou le
vent a tramontaine vient. est lisle moult basse et toute plaine. Et quant
len vient de haulte mer a tout aucune nef. len ne puet veoir la terre devant ce
que on est dessus. Or vous compterons des fais de ceste isle. Ilz ont roy q
ilz appellent sendernam. et nen sont treuage a nul. ilz sont ydolatres et vont
tous nus fors que il cueuvrent leur nature. ilz nont nulz ble; mais ris et
susemain de quoy ilz font huilles. il vivent de char et de lait et ont vin de ces
arbres que je vous ay dit autres fois. Et si ont de bresil moult le meilleur
du monde. Or vous lairay a compter de ces choses et vous diray de la plus
precieuse chose qui soit ou monde. Car sachiez que en ceste isle treuue len
les rubis. et en nulle autre contree du monde ne naissent fors que en ceste
isle. Et si y treuue len aussi les saphirs. et les topaces. et les amastites et de
maintes pierres precieuses. Et sy a li roys de ceste isle un rubis le plus bel et
le plus gros qui soit ou monde. Et vous diray comment il est fait il est

Seite 36: In seinem Buch *Die Wunder der Welt* berichtet Marco Polo von hundsköpfigen Menschen, den Kynokephalen, die auf der Insel Angaman vom Gewürzhandel leben. Diese Legende kannte man im Westen schon, bevor Marco Polo zu seiner Reise aufbrach. Skulpturen dieser Figuren finden sich sogar auf dem Tympanon der Kirche Marie-Madeleine von Vézelay (Mittelfrankreich).
Oben: Einem griechischen Gemälde nachempfundenes römisches Mosaik. Dargestellt ist die Schlacht von Issos (Kleinasien), in der Alexander der Große (ganz links, zu Pferde) im Jahr 333 v. Chr. den Perserkönig Dareios III. (rechts, auf dem Streitwagen) besiegte.

Fergana-Tal ausgestattet und ihre Vorherrschaft bis nach Zentralasien ausgebaut. Die Chinesen tauschten mit den Indern Seide gegen Edelsteine und Edelmetalle (Gold, Silber). Die Inder wiederum verkauften die Seide an Rom, wobei die Parther und Kushanas als weitere Zwischenhändler am Handel beteiligt waren.

In den beiden ersten nachchristlichen Jahrhunderten mussten die nach Westen ziehenden chinesischen Karawanen zuerst das Reich der Parther passieren. Die südlich des Kaspischen Meeres lebenden und ursprünglich aus Persien stammenden Parther kontrollierten ein gewaltiges Reich, das sich vom Pamir bis zur Syrischen Wüste erstreckte. Sehr rasch erkannten sie den wirtschaftlichen Vorteil ihrer günstigen Lage an der Seidenstraße, auf halbem Weg zwischen Orient und Okzident. Um sicher passieren zu können, mussten die Karawanen hohe Zölle bezahlen, überdies ließen sich die Parther die Lebensmittel von den chinesischen Händlern mit Gold aufwiegen. Doch schon im 1. Jahrhundert n. Chr. mussten die Parther die Kontrolle über den Ostteil ihres Reiches an die Kushanas abgeben, ein aus Nordchina stammendes Volk. Auch die Kushanas verlangten für den Schutz der Karawanen, die die großen Handelszentren Samarkand und Baktra passierten, hohe Zölle.

Die Reste des Partherreiches erlagen 224 n. Chr. dem Ansturm der Sassaniden aus dem Süden Persiens. Diese bildeten nun zwischen Pamir und Euphrat ein weiteres Bindeglied zwischen China und dem Oströmischen Reich. Die Kushanas wurden später allmählich von den Sogdiern verdrängt, die aus der Region um Samarkand stammten. Unabhängig von diesen sich ständig veränderten Machtkonstellationen florierte die Seidenstraße: Die Kushanas kontrollierten, besteuerten und beschützten den östlichen Abschnitt in Richtung China, während die Sassaniden das Straßennetz im Westen, in Richtung Naher Osten, überwachten. China wiederum musste hinnehmen, dass die Sassaniden und Sogdier sehr bald das Geheimnis der Seidenerzeugung lüfteten und selbst eine sehr hochwertige Seide herstellten.

Ab 624 und mit dem Beginn der Tang-Dynastie im Jahr 618 erlebte China einen wirtschaftlichen

نیز بردند و بگریزانیدند و آن مصاف بغایت بزرگ و نامدار بوده جنانکه هنوز پیش مغولان جنک چنگیز خان که مودمان کرده عظیم معروف و مشهور است
و نامداران ختای و جورجه دران جنک نیست شدند و چنگیز خان از انجا کامیاب و کامران بازگشت و سخن امیر منیک آن که او را گرفته بود و سپرد

Aufschwung. Die Seidenstraße florierte mehr denn je, in Chang'an fand sich eine immer größere Zahl an ausländischen Händlern ein, Karawanen zogen in Richtung Küste, und chinesische Waren wurden in großer Zahl nach Korea und Japan ausgeführt.

Ab Ende des 8. Jahrhunderts n. Chr. wurde der Handel auf der Seidenstraße durch vermehrte Übergriffe von muslimischen Eroberern immer stärker beeinträchtigt. Zwischen dem 7. und dem 13. Jahrhundert führte die islamische Expansion zu einer Vielzahl von Veränderungen in dem jahrhundertealten Handelsnetz. Ab 650 eroberten islamische Armeen das byzantinische und das sassanidische Reich. 670 standen die Araber am Amu Darja (Oxus) und kontrollierten nunmehr die Seidenstraße vom Mittelmeer bis zum Pamir. 751 besiegten die Araber sogar die Chinesen in Talas, östlich von Samarkand; dann eroberten sie Kaschgar, während die Tibeter in das Tarim-Becken vordrangen.

Für das China der Tang-Dynastie beginnt eine lange Phase des Niedergangs. Wenngleich der Handel im 11. und 12. Jahrhundert während der Song-Dynastie noch einige belebende Impulse erfuhr, so war die chinesische Wirtschaft zunehmend von der Seidenerzeugung abhängig. Mittlerweile war das chinesische Reich dreigeteilt: Der Norden befand sich unter der Herrschaft der Manschuren, der Süden unter der Herrschaft der Song, während im Westen verschiedene muslimische Potentaten regierten. Der Handel auf der Seidenstraße gewann erst wieder im 13. Jahrhundert an Bedeutung, als die Mongolen das chinesische Reich eroberten und in großem Umfang Seide gegen Duftstoffe, Sklaven und Edelsteine tauschten.

Die Mongolen, Nomaden aus den Steppen Zentralasiens, waren Anfang des 13. Jahrhunderts in das chinesische Reich eingefallen. Angeführt wurden sie von Timurdschin (um 1167–1227), der später den Titel Dschingis Khan annahm – ein Name, der „Herrscher der Meere" oder „universeller Herrscher" bedeutet. Die mongolischen Invasoren eroberten nach und nach chinesische Territorien; 1215 nahmen sie Beijing ein, 1220 fielen sie in Russisch-Turkestan ein, und 1221 waren sie bereits im Kaukasus.

Plötzlich war China in das immense mongolische „Reich der Steppe" integriert, das den Großteil Asiens vereinte – von Korea über Nordchina, Burma, Tonkin und Persien bis Osteuropa, eines der größten Territo-

Seite 38: Indische Miniatur aus dem Buch *Persische Geschichte der Mongolen* (14. Jahrhundert). Sie zeigt Dschingis Khan in der Schlacht gegen die Dschurdschen.
Seite 39: Illustration aus *Persische Geschichte der Mongolen* (14. Jahrhundert). Dschingis Khan fordert die Übergabe der Schätze von Buchara, das er kurz zuvor erobert hat.
Oben: Dschingis Khan bei der Beizjagd. Die in den unermesslich weiten Steppen Zentralasiens lebenden Kirgisen hegen bis heute eine große Vorliebe für diese Jagdart, die sie mit ihren Falken oder Adlern betreiben.

Cy deuise du palays du grant kaan.
Sachies que le grant kaan demeure en la maistre cite de ca
tay. la quelle a nom cambaluc trois mois de lan. cest decem
bre ianuier et feurier. En ceste ville a son grant palais et vous
deuiseray sa facon. Il y a tout deuant vn grant mur quarre
qui a de chascune esquareure vne mille. Cest a dire que il du
re tout enuiron quatre mille. et cest raison car il est moult grans. et si a de
haultesse bien .x. pas. et est tous blancs et crenelles tout entour. Et en chascun
coing de mur a vn moult grant palais moult beau et moult riche. ou se tient
dedens li harnois du seigneur. Ce sont ars et tarquys et selles et frains cordes d'arcs
et toutes choses besongnables a lost. Et encore entre lun palais et lautre. si a vn
autre palais samblable a vn des quatre coings. Sy que il y a tout entour le pour
pris .viij. palais moult grans. et tuit sont plain de harnois au grant sire. Mais
entendez que en chascun palais ny a que d'une chose seullement. car lun est tous
plains d'ars. et lautre palais est tous plains de selles. Et lautre tous plains de
frains et ainsi vait par chascun tout entour. et chascun na que d'une chose de har
nois. Et a ce mur .v. portes vers la face de mydy. Et ou millieu a vne grant
porte qui ne seuure nulle fois se ne est quant le grant harnois ist pour ost. et
entre chascune part de ceste grant porte. Sy en y a deux. si que il y a cinq. et par
ces portes mendres entrent toute lautre gent. Et est la grant porte ou millieu
de ces quatre. Mais icelles quatre ou entrent la gent ne sont mie lune iouste
lautre. Ains sont les .ij. aux deux coins de celle mesme face. et les deux autres
sont du coste le grant. si que le grant demeure ou millieu. Et enuers ceste face

Siria.
Arabia petrea.
Persarũ Imperium
persia
Arabia
Mare Indicum.
EQVINO TIALIS
AFRICA
TROPICVS CAP RICORNI
Mare bone spei.
MERI DI ES

rialreiche der Geschichte. Der Fall des alten chinesischen Reiches versetzte Europa in Angst und Schrecken: Man fürchtete die Invasoren, „jene Rasse von den äußersten Rändern der Erde [...], die danach trachtet, die ganze Erdoberfläche allein zu beherrschen" und denen im Westen allein die Mamelucken (Ägypten) Einhalt gebieten könnten. Europa hielt den Atem an und versuchte, die wahren Ambitionen der neuen Herrscher über China in Erfahrung zu bringen.

Doch die mongolischen Invasoren wurden durch den Kontakt mit den unterworfenen Chinesen und ihrer Kultur sesshaft und „zivilisiert". Nach dem Vorbild der chinesischen Kaiser richteten nun auch die mongolischen Khane öffentliche Kornspeicher und Poststationen ein. Sie förderten den Abbau von Kohle (dem „schwarzen Stein" Marco Polos) und begannen große Bauvorhaben wie den Großen Kanal und den Kaiserpalast von Khanbalik (Beijing), das zur Hauptstadt des Reiches wurde.

Die neuen Machthaber besetzten einflussreiche Posten im Reich und zeigten sich gegenüber Fremden offen. So wurden katholische Missionare am Hof empfangen, die von Europa nach Asien gekommen waren – vor allem 1245–1246 der Franziskaner Johannes von Plano Carpini, Autor der *Historia Mongolorum*, und 1252 sein Ordensbruder Wilhelm von Rubruk. Sie waren von Papst Innozenz IV. beauftragt, dem Großkhan eine Grußbotschaft zu übermitteln. Nachdem die Kreuzzüge gescheitert waren, strebte man ein Bündnis mit den Mongolen an, um die Araber und Seldschuken von zwei Seiten zu bedrängen und zugleich Kontakt mit dem Königreich von Priester Johannes aufnehmen zu können, einem legendären christlichen Staat, den man in Zentralasien vermutete. Doch die Verhandlungen zogen sich hin und an die Stelle der „Diplomaten" traten nun venezianische Kaufleute.

Nachdem die Mongelen ihre Eroberungszüge beendet hatten, begünstigten sie wieder den Handel auf der alten Seidenstraße aus der Han- und der Tang-Dynastie. Ein besonderes Anliegen war den neuen Herrschern von Asien der Schutz der Karawanen. Doch auch die Europäer wollten sich den wirtschaftlichen Nutzen der Seidenstraße nicht entgehen lassen. Allerdings gab es auf dem Weg nach China für europäische Handelsreisende gleich zwei große Hindernisse: zum einen die Türken – eine neue Macht in Asien –, zum anderen die überaus zahlreichen arabischen Zwischenhändler mit ihrer Monopolstellung an der Seidenstraße und der Gewürzroute. Immer mehr setzte sich bei den europäischen Kaufleuten die Ansicht durch, dass es ein-

Grossreiche und die Kontrolle über die Seidenstrasse

Im Laufe der Zeit wurden immer wieder Teile der Seidenstraße von verschiedenen Imperien oder Königreichen kontrolliert. In China trugen zwei Dynastien besonders zu einem florierenden Handel auf der Seidenstraße bei: die Han-Dynastie (206 v. Chr.–220 n. Chr.) und die Tang-Dynastie (618–907 n. Chr.). In Zentralasien verlief die Route zunächst durch das Kuschan-Reich (um 70–224 n. Chr.), das erst von den Sogdiern und dann von den Türken erobert wurde. Im heutigen Mittleren Osten wurde die Seidenstraße zwischen 500 und 300 v. Chr. von den Achaimeniden kontrolliert, deren Reich sich von Indien bis Ägypten erstreckte, dann von den Parthern (170 v. Chr.–224 n. Chr.) und schließlich den Sassaniden (224–642 n. Chr.). Der äußerste Westen stand bis zum 5. Jahrhundert n. Chr. unter dem Einfluss des Weströmischen Reiches, dann bis 1453 unter byzantinischer Kontrolle. Das Eingreifen der Araber im 7. und 8. Jahrhundert veränderte dieses geopolitische und geostrategische Gefüge. Die Araber drangen nach Zentralasien vor und verbreiteten dort den Islam. Ihre Blütezeit erlebte die Seidenstraße zweifellos zwischen 1220 und 1368 während der Herrschaft der Mongolen, des Nomadenstamms aus den Steppen Zentralasiens. Unter Dschingis Khans schufen die Mongolen ein sagenhaftes Imperium, um das sich heute noch viele Legenden ranken.

Seite 41: Der Palast des Großkhans in Khanbalik, nach der Schilderung Marco Polos in seinem Buch *Die Wunder der Welt.* Die Mongolen machten Khanbalik (Beijing) zur Hauptstadt ihres Reiches und errichteten hier einen weitläufigen, prachtvollen Kaiserpalast.
Seite 42: „Mare Indicum". Die Karte aus dem 16. Jahrhundert zeigt den Indischen Ozean mit Ostafrika, Madagaskar, die Arabische Halbinsel, Persien und das legendäre Königreich von Priester Johannes – einen christlichen Staat, den man in Zentralasien oder Äthiopien vermutete und der Europa lange Zeit als möglicher Verbündeter galt, um den Muslimen in den Rücken zu fallen.

facher sei, China auf einer nördlichen Route durch das mongolische Reich zu erreichen.

Ermutigt durch den Pax Mongolica (mongolischer Frieden) waren ab dem 13. Jahrhundert zahlreiche italienische Kaufleute auf den inzwischen sicheren und gangbaren Handelswegen Asiens unterwegs – insbesondere Venezianer wie die Brüder Maffeo und Niccolò Polo und dessen Sohn Marco ebenso wie Genuesen. Auf der Krim, dem westlichen Endpunkt der Seidenstraße, errichteten sie Handelsniederlassungen und gründeten Kolonien in Turkestan, Ostindien und China, die die Seidenstraße für Europa zugänglich machten.

Ab dem 14. Jahrhundert wurden die Überlandrouten jedoch zunehmend gefährlich und somit auch unrentabel. Der Seeweg gewann daher immer mehr an Bedeutung. Die Chinesen unterhielten zwar bis Ende des 14. Jahrhunderts Handelsbeziehungen zu Moskau, wichen jedoch auf eine Achse nördlich der alten Seidenstraße aus. Damit setzte ein langsamer, doch unaufhaltsamer Niedergang der alten Seidenstraße ein.

Ein Straßennetz mit vielen Knotenpunkten

Der Begriff „Seidenstraße" ist eigentlich eine unpassende Bezeichnung. Erstens besteht sie nicht nur aus einer Route, sondern bildet ein regelrechtes Straßennetz, und zweitens ist Seide zwar die bedeutendste, aber nur eine von zahlreichen Waren, die über diese Straßen befördert werden.

Die Seidenstraße besteht somit aus diversen Routen, die über Berge und durch Wüsten und Steppen von China bis ans östliche Mittelmeer führen, mit umso mehr Abzweigungen, je weiter man nach Westen kommt, denn im Westen sind die Staaten zahlreicher und kleiner als im Osten, und die Landschaft erlaubt eine größere Zahl von Alternativrouten.

Der Verlauf der einzelnen Abschnitte ist darüber hinaus nicht unveränderlich. Die Pisten verschwin-

Seidenmalerei (um 1100, Song-Periode). Kamelkarawane beim Passieren eines der Stadttore von Kaifeng. In den Städten, die auf der Seidenstraße lagen, wurden die Kamele von ihren Lasten befreit und die Waren auf frische Lasttiere verteilt. Die Karawanen legten also stets nur einen kleinen Abschnitt der Gesamtroute zurück.

den oft bereits mit dem ersten Regen oder Schnee, sodass sich die Karawanen von einem Jahr aufs nächste erneut einen Weg bahnen müssen.

Für die Route orientieren sich die Reisenden meist an der Landschaft, indem sie sich eine Landmarke am Horizont suchen und auf diese Kurs nehmen. Nicht immer leicht bei natürlichen Hindernissen wie Bergen, Wüsten und Wasserläufen!

Die Höhenabschnitte sind oft eine sehr heikle Angelegenheit. In den Bergen besteht die Straße meist nur noch aus einem gefährlichen, kaum gesicherten Pfad, schmal und steil, vorbei an gähnenden Abgründen mit unheilvoll tosenden Wildbächen. Ein beschwerlicher Weg für Mensch und Tier, der durch Schneestürme, Lawinen oder Erdrutsche auch tödlich enden kann. Ein Hochgebirge zu überwinden bedeutet auch, Erfrierungen, Schneeblindheit, Lungenentzündung oder Höhenkrankheit zu riskieren.

Und auch eine noch so kleine Wüste zu durchqueren ist ein Abenteuer mit ungewissem Ausgang. Überall nur öde Sand- oder Kiesebenen, ohne Orientierungspunkt am Horizont. Tagsüber teuflische Hitze ohne den leisesten Windhauch, nachts dafür eisige Kälte. Falls unerwartet Wind aufkommt, droht ein Sandsturm, und die Sandkörner dringen selbst in die kleinsten Ritzen vor; Kiesel werden zu tödlichen Geschossen.

In der Wüste reist man daher am besten nachts. Denn auch wenn die Kälte den Reisenden und ihren erschöpften Lasttieren zusetzt, können sie sich zumindest an den Sternen orientieren. Tagsüber Reisende sind dagegen stets von der Angst begleitet, vom Weg abgekommen zu sein, sich im Kreis zu bewegen, auf einen versiegten oder verseuchten Brunnen zu stoßen ...

Ein weiteres Hindernis, dass es zu überwinden gilt, sind die Wasserläufe. Um eine Brücke zu finden oder zumindest eine Furt, sind mitunter Umwege nötig. An größeren Flüssen gibt es vielleicht eine Fähre, doch für diese muss man zahlen.

Seite 46–47: Die Gelben Berge (China, Provinz Anhui). In diesem Gebirge (der höchste Gipfel erreicht 1860 Meter) lagen einst zahlreiche Klöster und Einsiedeleien, in denen die auf der Seidenstraße Reisenden eine Rast einlegen konnten.
Seite 48: Langshisa Kharka in der nepalesischen Provinz Langtang.
Unten: Saumpfad im Karakorum. Das Bergmassiv mit seinen Achttausendern wie dem K2 und der Gasherbrum-Gruppe ist für seine riesigen, majestätischen Gletscher bekannt.

Auch die Reise an sich ist alles andere als geruhsam. Die Seidenstraße ist in der Regel nur sehr schwach frequentiert, und zahlreiche Banditen lauern hier auf schnelle Beute. In einer Karawane herrscht daher stets besorgte Wachsamkeit – und kein Mangel an Waffen.

All diese Gründe machen verständlich, dass kaum eine Karawane die gesamte Strecke zurückgelegt hat. Allein die Durchquerung einer kleinen Wüste erfordert sorgfältige logistische Vorbereitungen. Man muss sich die Seidenstraße mit zahlreichen Lastwechselpunkten übersät vorstellen; die von den Karawanen herbeigeschafften Waren wechseln in jeder Oase, Karawanserei oder Stadt ihren Besitzer. Letztlich wissen weder die Händler im Osten noch die im Westen, wie es am jeweiligen Endpunkt der Route aussieht. Eine Karawane würde mindestens acht bis zwölf Monate benötigen, um von Xi'an aus das Schwarze Meer zu erreichen.

Man nimmt an, dass die Karawanen in der Antike und auch noch im Mittelalter aus etwa 100–500 Per-

Oben: Wüste Gobi, Mongolei.
Links: Karawane im afghanischen Gebirgsmassiv Koh-i-Baba. Interessanterweise waren Wüstenregionen schon immer bedeutende Umschlagplätze, sei es die Taklamakan-Wüste oder die kleineren Wüsten Zentralasiens und des Mittleren und Nahen Ostens. Dank des ausdauernden Trampeltiers und der auf der Seidenstraße recht zahlreichen Oasen und Brunnen können die Karawanen große Entfernungen zurücklegen, ohne Umwege wegen natürlicher Hindernisse in Kauf nehmen zu müssen, und sind vor allem relativ sicher vor Räubern, die bereits von Weitem zu sehen sind.

sonen bestanden. Wer sich so einem großen Verband anschloss, lief weniger Gefahr, überfallen zu werden. Als Lasttiere verwendete man Pferde, Maultiere, Ochsen, Yaks oder Kamele. Ohne die Domestizierung des Dromedars durch die Araber sowie des Trampeltiers durch die Nomaden Zentralasiens hätte die Seidenstraße nicht ihre große Bedeutung erlangt. Diese Tiere aus der Familie der Altweltkamele sind in der Tat die idealen „Wüstenschiffe“ zur Überwindung großer Distanzen in trockener, nahrungsarmer Umgebung. Sie kommen mehrere Tage ohne Wasser aus, sind gute Futterverwerter und können viel schwerer und ausdauernder tragen als Pferde; sie legen dabei rund 50 Kilometer pro Tag zurück. Kamele dienen den Karawanen vor allem als Last- und nur selten als Reittiere. Die besonders kälteresistenten Langhaarkamele kommen auf dem östlichen Abschnitt der Seidenstraße von der Taklamakan-Wüste bis zum Pamir-Gebirge zum Einsatz und können bis 150 Kilogramm tragen. Weiter im Westen greift man auf Dromedare und Maultiere zurück. Pferde verwendet man auf sämtlichen Abschnitten – die Chinesen gelten als

Zu Fuss, per Kamel, zu Pferd, mit dem Schiff

Die zurückgelegte Tagesstrecke auf der Seidenstraße hängt verständlicherweise sehr vom benutzten Transportmittel ab. Ein Wanderer erreicht unter „normalen“ klimatischen Bedingungen auf ebenem Grund eine Reisegeschwindigkeit von gut 4 km/h. Bei einem zehnstündigen Marsch pro Tag wären dies maximal 40–45 Kilometer, im Mittel jedoch wohl eher 25–30 Kilometer. Dies ist auch die von einer Karawane aus Kamelen oder Maultieren zurückgelegte Distanz, denn die Treiber gehen meist neben ihren schwer beladenen Tieren her. Zu Pferd lassen sich täglich 30–50 Kilometer bewältigen, während per Schiff je nach Wind und Seegang innerhalb von 24 Stunden 170–250 Kilometer möglich sind.

Ganz oben: Karawane des Schahs von Persien.
Oben: Illumination aus dem so genannten Pentateuch von Tours (7. Jahrhundert). Sie zeigt das Lager einer Karawane nach der alttestamentarischen Geschichte Labans. Mit ihren beladenen Kamelen hätten sich die Händler nie ohne schwer bewaffneten Begleitschutz auf die Seidenstraße gewagt, denn die Wege lockten zahlreiche Banditen an, die in der Nacht an unübersichtlichen Pässen und Wegen auf ihre Opfer warteten.
Seite 53: Ein Kamel aus glasiertem Ton. Diese Grabbeigabe aus der Tang-Zeit (715–756) zeugt von der außerordentlichen künstlerischen Leistung und Vielfalt unter dieser chinesischen Dynastie, die nicht nur finanziell, sondern auch kulturell von der Seidenstraße profitierte.

Illustration eines 1237 kopierten arabischen Manuskripts der berühmten *Makamen des Hariri* (Abu Muhammad al-Qasim Ibn Ali al-Hariri, 1054–1122). Die Koranverse werden auf einen Kamelsattel kopiert. Seit etwa 670 gingen die Araber entlang der Seidenstraße auf Eroberungskurs; 751 schlugen sie die Chinesen in der Schlacht am Talas (östlich von Samarkand), dann eroberten sie Kaschgar und das Tarim-Becken.

die Erfinder des Steigbügels und des Zaumzeugs. Hinsichtlich der Waren schreibt der Historiker Jacques Anquetil, dass sie „in Säcke aus Kamel- und Ziegenhaar gewickelt und mit Seilen aus Yakhaar verzurrt wurden".

Die längste Handelsroute auf dem Festland mit rund 7000 Kilometern Gesamtlänge beginnt in Chang'an (heute Xi'an), Hauptstadt der Han-Dynastie und bedeutendes Zentrum der Seidenerzeugung, und endet in Antiochia (heute Antakya, Türkei) oder Tyros (heute Sur, Libanon) und durchquert auf diesem Weg Chinesisch-Turkestan, Afghanistan und Nordpersien – mithin mehr als 4000 Kilometer auf chinesischem Territorium. Vom Mittleren Osten bis Europa geht es auf dem Seeweg über das Mittelmeer weiter, nach Venedig und Genua.

Folgen wir nun aber einem chinesischen Reisenden aus dem 13. Jahrhundert, der über die Seidenstraße als Botschafter nach Osteuropa aufbricht. Die alte Hauptstadt Chang'an (Xi'an) hinter sich lassend, führt ihn der erste Abschnitt der Seidenstraße an den Hwangho (Gelber Fluss) bei Lanzhou; die von Bergen umgebene Stadt ist eine der wichtigsten Stationen auf der Seidenstraße. Nun hält er sich nach Nordwesten und wandert auf einem steinigen, sandigen Pfad am Südrand der Hochplateaus der Wüste Gobi entlang. Er passiert Wuwei – die „Silberstadt" und östliches Eingangstor nach Gansu (Hexi), ein fruchtbarer Korridor inmitten dürrer Bergvegetation –, dann Zhangye (ein bedeutendes Handelszentrum und Kornspeicher von Gansu) sowie Jiuquan, Knotenpunkt und wichtige Garnisons-

Oben: Emailobjekte aus der Tang-Dynastie.
Unten: Yak-Karawane im Tal des Flusses Kali Gandaki, Nepal. Ausdauernd, kälteunempfindlich und höhentauglich, ist der Yak das ideale Tier für die Überquerung des Pamir-Gebirges.
Seite 56–57: Tibetische Yak-Karawane, abgelichtet unweit von Xi'an (Provinz Gansu).

Oben: Die Seidenstraße mit ihren wichtigsten Routen. Rot: Überlandrouten von Xi'an durch China bis Kleinasien und den Nahen Osten. Gelb: Seerouten mit den bedeutendsten europäischen Zielhäfen Venedig und Genua.

stadt, die für die Sicherheit der Reisenden bürgt. Nach 100 Kilometern erreicht er Jiayuguan, den westlichsten Punkt der in der Ming-Zeit (1368–1644) vollendeten Chinesischen Mauer, eine majestätische, prachtvolle Stadt inmitten eines fruchtbaren Tals – mit für die Seidenstraße entscheidender strategischer Bedeutung.

Unser Reisender erreicht schließlich Dunhuang, die letzte Oase vor der undurchquerbaren, tödlichen Taklamakan-Wüste (ihr altuigurischer Name bedeutet „von wo man nicht zurückkehrt"), eine Ödnis aus Dünen, die ständig in Bewegung sind und im Lauf der Jahrhunderte ganze Städte verschlungen haben. Dunhuang ist eine der Perlen der Seidenstraße und galt den alten Chinesen als letzter Vorposten der zivilisierten Welt. Die Stadt liegt in einer gemäßigten Zone und ist für ihre Obstgärten berühmt.

Von Dunhuang aus hat der Reisende die Wahl zwischen drei Hauptrouten, die das Tarim-Becken und

die darin liegende Taklamakan-Wüste umgehen. Am ältesten ist die Südroute; sie folgt den nördlichen Ausläufern der die Grenze nach Tibet markierenden Kunlun-Berge und läuft dann auf die hohen Gipfel des Karakorum-Gebirges und die prächtigen Hochtäler im heutigen Pakistan zu. Von dort aus führt sie dann über das Pamir-Gebirge nach Indien oder aber weiter nach Afghanistan und durch das zentralasiatische Russland bis ans östliche Mittelmeer.

Die zentrale Route folgt den südlichen Ausläufern des Tian-Shan-Gebirges, um in Kaschgar auf die Südroute zu treffen und den Pamir zu überqueren. Die Nordroute indes verläuft durch die Steppen Zentralasiens, streift die nördlichen Ausläufer des Tian Shan und führt über das Ili-Tal, Bischkek, Taschkent, Samarkand, Buchara und Astrachan bis ans Ufer des Schwarzen Meeres.

Diese drei Routen auf dem chinesischen Teil der Seidenstraße sind an mehreren Orten durch kürzere Abschnitte miteinander verbunden. Von einer Oase zur nächsten überwinden sie Gebirgsketten mit verschneiten Gipfeln und lange, öde Wüstenstreifen. Dies ist zweifellos der beschwerlichste und gefährlichste Teil, der jedoch zwölf Jahrhunderte lang (vom 2. Jahrhundert v. Chr. bis zum 10. Jahrhundert n. Chr.) für das chinesische Reich die einzige Handelsroute nach Westen darstellte. Hiervon zeugen zahlreiche archäologische Funde östlicher und auch westlicher Kultobjekte.

Westende der Han-Mauer bei Dunhuang in der Wüste Gobi. Die 206–220 n. Chr. erbaute Mauer sollte Plünderer aus den nördlichen Steppen abhalten.

Doch kehren wir zurück nach Dunhuang und betrachten wir den Weg unseres Reisenden etwas genauer. Auf der Südroute passiert er zunächst die alte Festungsstadt Loulan (nordöstlich des heutigen Ruoqiang), einen Knotenpunkt, den die Wüste inzwischen verschlungen hat, bis auf die Ruinen gewaltiger Speicher, prunkvoller Paläste und ehedem reich geschmückter Tempel aus der Han- und der Jin-Dynastie. Archäologen stießen hier auf zahlreiche kostbare Objekte wie Lackmöbel, dekorierte Tongefäße oder Bronzespiegel, die vom alten Glanz zeugen.

Seinen Weg gen Westen fortsetzend, durchquert unser Reisender die Geröllwüste Lop Nor, um schließlich in der alten Stadt Miran (im heutigen Distrikt Ruoqiang) einzutreffen. In der Han-Zeit gehörte Miran zum alten Shanshan-Reich und war bekannt für seine herrlichen buddhistischen Tempel, die hohen Wachtürme und das ausgedehnte Bewässerungssystem.

Links: „Familienkarawane" in der Wüste. Man schätzt, dass eine solche Karawane auf durchschnittlich anspruchsvoller Strecke unter „normalen" klimatischen Bedingungen etwa 25–30 Kilometer am Tag zurücklegt.
Seite 60–61: Auf dem Weg von China nach Pakistan erreicht man in rund 3700 Meter Höhe den muslimischen Friedhof von Ravakul. Im Hintergrund der Mustagh-ata (7546 Meter Höhe).

Der Karakorum stellte für die Reisenden lange Zeit ein nicht minder gefürchtetes Hindernis dar als die Wüsten Gobi oder Taklamakan. Die Routen bestanden nur aus steilen, rutschigen Trampelpfaden, auf der einen Seite gesäumt von gähnenden Abgründen und auf der anderen von Steilwänden, von denen stets Lawinen und Erdrutsche abzugehen drohten.

Die nächste Etappe führt nach Niya (Minfeng), das einst für seinen Wein und sein Obst berühmt war, heute indes nur mehr aus ein paar verstreuten Ruinen mitten in der Taklamakan-Wüste 150 Kilometer nördlich des heutigen Minfeng besteht. Unser Reisender betritt nun das Territorium von Yutan (heute Hotan). Als Zhang Qian hier im 2. Jahrhundert v. Chr. als Gesandter des Han-Kaisers Wudi auf dem Weg in die „westlichen Lande" eintraf, war dies ein wohlhaben-

der Staat, dessen Bevölkerung später, in der Tang-Zeit vom 7.–10. Jahrhundert n. Chr., zum Buddhismus übertrat. Während der Han-Zeit ein bedeutendes Gewerbezentrum, ist Hotan heute die Hauptstadt der Jade, des Brokats, der Teppichknüpferei und der chinesischen Seidenerzeugung. Weiter geht es über Yarkand und Kaschgar, bis der Pamir erreicht ist.

Für die Überwindung der Hochebenen des Pamir ist der Yak das ideale Lasttier. Ausdauernd, zahm, beweglich, kälteunempfindlich und nicht anfällig für die Höhenkrankheit, da Herz und Lunge sehr stark entwickelt sind, kann ein Yak bis zu 130 Kilogramm tragen. Yakmilch ist ein beliebtes Getränk, und der getrocknete Dung dient als Brennmaterial zum Heizen und Kochen. Der sehr schmale Pfad ist übersät mit befestigten Posten. Hier können die Kuriere sich erholen und ein frisches Reittier erhalten, bevor sie zum berühmten „Steinernen Turm" aufbrechen. Diese in

Oben: Lithografie von J.-F. Schreiber (um 1850). Yaks können ein Gewicht bis 130 Kilogramm tragen. Herz und Lunge sind kräftig, weshalb die Tiere auch mit der dünnen Luft in Höhenlagen zurechtkommen.

Oben und rechts: Yak-Glocke mit Halsband aus Yak-Haar; Holzsattel mit Satteltaschen aus Yak-Haar.

rund 3500 Meter Höhe strategisch günstig gelegene Garnisonsstadt ist schwer zugänglich, doch bereits von Weitem sichtbar. Heute ist ihre genaue Lage nicht mehr bekannt, da gleich mehrere lokale Ortsnamen in Frage kommen. Sie ist jedoch zweifellos nördlich von Taschkurghan anzusiedeln. Laut Ptolemäus sollen die Karawanen hier ihre Waren getauscht haben.

Falls sich der Reisende nach Verlassen der Oase Dunhuang für die zentrale Route entscheidet, gelangt er zur Oase Hami (Yiwu), vorbei an zahlreichen Wachtürmen, auf deren Spitzen man als Wegweiser nächtliche Feuer entzündet. Nächste Stationen auf der Zentralroute sind die Städte Gaochang (unweit des heutigen Turfan) und Jiaohe. Die im 1. Jahrhundert v. Chr. gegründete Festungsstadt Gaochang liegt in einer Senke am Ufer des Aydingkol-Sees, 154 Meter unter dem Meeresspiegel. Im Sommer beträgt hier die Durchschnittstemperatur 40 °C (am Boden sogar 80 °C); dies erklärt, warum die Einheimischen vom „Feuerbecken" und den „Feuerbergen" sprechen. Gaochang blieb bis ins 14. Jahrhundert hinein sehr mächtig. Von Jiaohe, das auf einem Hochplateau im Yarnaz-Tal liegt und in der Tang-Zeit Sitz eines Statthalters war, ist heute nur mehr ein Trümmerfeld erhalten. Gaochang gen Westen verlassend, führt der Weg über den wichtigen Knotenpunkt Korla, dann über Karachar (Yanqi), Kucha und schließlich Aksu; dieser nördlich der Taklamakan-Wüste und am Fuß des Tian-Shan-Gebirges gelegene Ort ist für seine Wassermelonen und Obstgärten bekannt. Schließlich erreicht man mit der Oasenstadt Kaschgar (in der Han-Zeit Shule genannt) die letzte strategisch bedeutende Station vor dem Pamir-Gebirge, das zugleich Schnittpunkt der südlichen und der zentralen Route ist. Kaschgar markiert förmlich die Grenze zwischen zwei Welten, denn hier stehen buddhistische Tempel und Moscheen Seite an Seite. Mit seiner großen Aitigar-Moschee bildete Kaschgar das erste islamische Zentrum von Xinjiang.

Bleibt noch die Nordroute, die jenseits der Oase Hami (Yiwu) beginnt. Obwohl bereits während der Han-Dynastie eröffnet, wird sie erst ab dem 7. Jahrhundert wirklich frequentiert. Auf dem Weg liegen Städte wie das in der Han-Zeit bedeutende Barkol, weiter nördlich das in der Tang-Zeit florierende Dahe (das heute nur mehr aus Ruinen besteht), Tinghzou (heute Jimsar), in der Tang-Zeit Sitz eines Militärstützpunkts, der bedeutende Knotenpunkt Urumchi, Changji am Fluss Manas, die Handelsstadt Gongyue im Ili-Tal mit seinem trocken-kalten Kontinentalklima, berühmt für sein Weide- und Ackerland und seine Ölfrüchte, und schließlich Kokand, die erste Station auf der von Taschkent nach Osteuropa führenden Straße von Almaty. Doch kehren wir zurück nach Kaschgar, wo sich dem Reisenden zwei Möglichkeiten bieten: entweder gen Süden über den Karakorum Richtung Gilgit und Peschawar, oder gen Westen Richtung Taschkent (wo die Nordroute endet) und Samarkand. Der erste Weg führt über den Khunjerab-Pass und vorbei am K2 nach Pakistan und über den Khaiberpass nach Peschawar. Nun bleibt ihm die Wahl zwischen einer östlichen Route durch das Indus-Tal, vorbei an Islamabad, Amritsar, Agra, Benares und Kalkutta und einem westlichen Weg nach Kabul, Afghanistan, Herat, Meschhed (wo er auf die durch Taschkent führende Route stößt),

Oben: Bronzene, teilvergoldete und mit Drachen verzierte Hu-Vase aus der Han-Zeit und ein Jadeanhänger aus der Zeit zwischen Zhou- und Han-Dynastie. Die chinesischen Han-Kaiser regierten von 206 v. Chr. bis 221 n. Chr. Es gelang ihnen, Zentralasien zu erobern und zu befrieden; zugleich knüpften sie wirtschaftliche und kulturelle Kontakte mit Indien und dem Mittelmeerraum.
Seite 66–67: Landschaft zwischen Taschkurghan und Kaschgar.

Teheran, Persien, Bagdad (einem unumgänglichen Passierpunkt der Karawanen), durchs anatolische Hochland mit seinen seldschukischen Karawansereien nach Konstantinopel. Von Kabul aus besteht die Möglichkeit, gen Südwesten über Belutschistan, Schiras und Isfahan nach Teheran zu gelangen.

Sollte sich unser Reisender in Kaschgar für die durch Usbekistan nach Taschkent führende Westroute entscheiden, muss er den Syr Darja überqueren, um in die legendäre Oasenstadt Samarkand zu gelangen und dort über Buchara den Oxus (Amu Darja) hinauffahren, das Kaspische Meer nördlich über Astrachan, Tiflis und Erzurum umgehen, bis er Konstantinopel erreicht. Oder er überquert den Oxus und setzt seinen Weg über Baktrien (mit der Hauptstadt Balkh) oder Antiochia (Merw) in Turkmenistan, Raj (bei Teheran) fort. In Raj kann er durch das fruchtbare, bewässerte Land Mesopotamiens über Ktesiphon und Anatolien nach Konstantinopel oder über Tyros nach Antiochia gelangen. Oder er wählt die Route entlang des Kaspischen Meeres Richtung Erzurum und Trapezunt am Schwarzen Meer.

Seite 68: Höhlentempel Bezeklik in Turfan, Provinz Xinjiang. In Turfan herrschen im Sommer unerträglich hohe Temperaturen, wodurch die Stadt zu ihrem Spitznamen „Feuerbecken" kam.
Unten: Mausoleum des Abakh Hoja in Kaschgar. 1693 starb der mächtige Herrscher, der als Prophet zweiten Ranges nach Mohammed verehrt wurde. Die für Skulpturen und Kunsthandwerk berühmte Stadt Kaschgar trug einst den Namen Shule. Hier begegnen sich der südliche und der nördliche Abschnitt der chinesischen Seidenstraße.

Am Ziel angelangt, sei es die Ägäis, der Bosporus, Alexandria, Akko, Alexandrette oder Konstantinopel, werden die Waren für die letzte Wegstrecke auf Schiffe verladen, denn zumindest seit dem Mittelalter sind Venedig und Genua die bedeutendsten Endstationen der Seidenstraße.

Städte an der Seidenstraße

An der Seidenstraße zu liegen, ist ein wahrer Glücksfall für jede Ortschaft, Oase oder Hafenstadt. Selbst die kleinste Siedlung darf nämlich Steuern und Zölle auf die vorbeigeführten Waren erheben. So profitieren zahlreiche Städte vom regen Verkehr und entwickeln sich zu wichtigen Handelszentren mit Warenlagern, Banken und Märkten, was wiederum den lokalen Händlern und Handwerkern zugutekommt. Dies erklärt auch das europäische Stereotyp vom übervölkerten Basar in jenen Städten, die sich wie die Perlen einer Kette entlang der Seidenstraße aufreihen, denn in ihrer Mitte befindet sich tatsächlich immer ein übervölkerter Markt. Während der arabischen Herrschaft entstehen nämlich überall die typischen, von der zentralen Moschee ausgehenden, nach Waren geordneten Basare mit ihren überdachten Gässchen (Souks), den Warenlagern in Form mehrstöckiger Quader und den Hammams – den öffentlichen Bädern, in denen die Männer sich ausruhen können.

Überdies wird die Seidenstraße von zahlreichen Karawansereien („Paläste der Karawanen") gesäumt, wo die Reisenden Rast machen können. Lasttiere und Waren sind hier sicher vor Dieben, den Naturgewalten und vierbeinigen Räubern. Zudem stehen bei Bedarf neue Lasttiere, Führer, Dolmetscher und auch Personal bereit. Aus manchen Karawansereien entstanden sogar kleine, fast autonome Stadtstaaten.

Seite 70: Basar der Seidenhändler in Kairo. Aquarell von David Roberts (1838).
Rechts: Karawanserei Izad Khast (Iran). Die „Paläste der Karawanen" sind befestigte Herbergen, in denen man sich in völliger Sicherheit ausruhen kann. Hier werden auch die meisten Geschäfte abgewickelt. Einige Karawansereien erlangten im Lauf der Geschichte eine so große Bedeutung, dass sie gleichsam zu kleinen Stadtstaaten wurden.

Oben: Medrese Ulug Beg (Samarkand).
Unten: Medrese Miri Arab in Buchara (Usbekistan). Im 8. Jahrhundert von den Arabern erobert, wurde die bedeutende Handelsstadt zum Hauptsitz des Islam in Zentralasien. Die Stadt wurde 999 von den Türken erobert und blieb bis ins 12. Jahrhundert hinein unter ihrer Herrschaft. Buchara wurde 1220 von Dschingis Khan geplündert und später ins Reich Timurs integriert.

Seide und andere Handelswaren

Die Seide macht nur einen geringen Teil jenes intensiven Handels aus, der sich auf den Verbindungsstraßen zwischen Asien und Europa abspielt. Die von Europa gen Osten aufbrechenden Händler führen Gold, Edelsteine, Edelmetalle (oft in Form von Münzen), Textilien, Elfenbein, Korallen, Gemüse (Gurken, Karotten) und Früchte (Rosinen, Granatäpfel, Nüsse) mit sich. In Gegenrichtung transportiert man neben Seide auch Pelze, Keramik, Porzellan, Tee, Papier, Gewürze, Lacke, Bambusobjekte und Bronzewaffen.

Nicht zuletzt war die Seidenstraße auch die Hauptachse für die Verbreitung von Religionen und Kulturen. In der Han-Zeit lassen sich immer mehr ausländische Händler in China nieder, mit der Folge, dass sich das Land der Außenwelt und den Einflüssen fremder Kulturen, Zivilisationen und Religionen öffnet. Wie der Islam, der sich im Mittelalter über die Transsahararouten allmählich in Westafrika ausbreitete, gelangte der Mahayana-Buddhismus (Großes Fahrzeug) im 1. Jahrhundert n. Chr. von Indien – wo er nie richtig Fuß fassen konnte – entlang der Oasen an der Seidenstraße nach Tibet, China, Korea und Japan.

Die arabischen Armeen kamen nicht über den Pamir hinaus, doch dafür bekehrten Pilger und

Oben links: Der Kairoer Sklavenmarkt. Aquarell von William James Muller (1838). Das Bild entstammt der Zeit des europäischen Orientalismus.
Oben rechts: Miniatur einer Karawanserei aus dem *Al-Maqâma von Al-Marîm* (Abschrift von 1237), das dem großen arabischen Forschungsreisenden Abu Said gewidmet ist.

Händler Chinesisch-Turkestan zum Islam. Auch der persische Manichäismus und das Christentum gelangten über die Seidenstraße nach Zentralasien und China. Doch bereits während der Tang-Dynastie (ab dem 7. Jahrhundert) und der Song-Dynastie (ab dem 10. Jahrhundert) erreichten Pilger, Botschafter, Händler – Muslime, Juden und Christen – China zunehmend auf dem Seeweg.

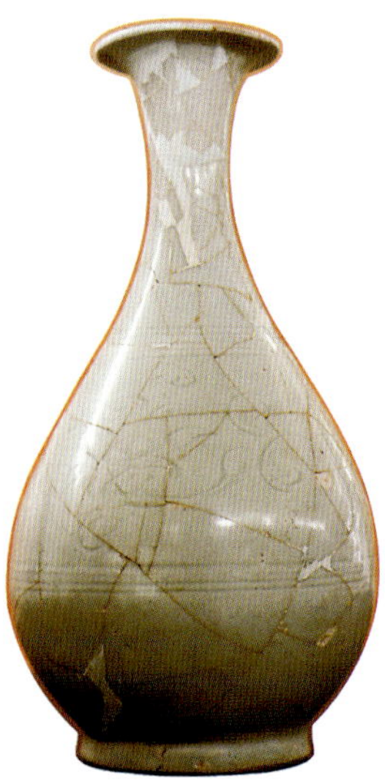

Diese in Sansibar (Tansania) gefundene emaillierte Vase wurde von China aus zweifellos über die maritime Seidenstraße exportiert. Sie stammt aus der Yuan-Zeit. Die von Kubilai Khan, dem Enkel Dschinghis Khans, begründete mongolische Kaiserdynastie Yuan herrschte 1271–1368 über China, bis eine Revolte die Ming-Familie an die Macht brachte.

Maritime Seidenstraßen

Seide wird ab dem 2. Jahrhundert n. Chr. auch auf dem Seeweg befördert. Die Araber beherrschen den Handel bis ins 9. Jahrhundert hinein.

Bereits seit der Antike gilt der Seeweg als schneller und komfortabler als die Überlandroute. Doch auch er bringt Unannehmlichkeiten mit sich, da er durch recht gefährliche Meere führt. Wer Wind, Monsun und rätselhafte Meeresströmungen bewältigt, muss noch den Piraten ausweichen, die das Südchinesische Meer, den Golf von Bengalen und die Küstengewässer Arabiens und Afrikas bevölkern. Doch der Seeweg bietet auch Vorteile, vor allem die verkürzte Reisedauer. Man benötigt nur noch rund acht Monate, um von China nach Ägypten und wieder zurück zu gelangen. In der Antike und im Mittelalter erreichen die Schiffe in der Regel eine Geschwindigkeit von 3–5 Knoten (6–9 km/h) bei schwacher und 9 Knoten (17 km/h) bei frischer Brise, und sie sind Tag und Nacht unterwegs.

Bei aller Vielfalt der Schiffstypen dominiert im Mittelmeer die Galeere. Sie liegt flach im Wasser und ist schlank und schnell, bietet jedoch nur einen begrenzten Laderaum, da ihr Inneres fast gänzlich mit den Bänken der Ruderer belegt ist. Frachten befördert man daher eher mit Galeonen. Im Spätmittelalter fassen einige dieser Schiffe über 500 Tonnen und sind bereits mit Steuerrudern und mehreren Masten ausgestattet.

Oben: Tash Rabat (Kirgisistan), rund 30 Kilometer von Narym entfernt. Dies ist eine der letzten authentischen und gut erhaltenen kleinen Karawansereien entlang der Seidenstraße.
Rechts: Karawanserei Dasht e Kavir. Überall auf der Seidenstraße standen solche Steinfestungen. Hier waren die Reisenden vor Überfällen sicher, konnten sich ausruhen und neue Lasttiere, Führer oder Dolmetscher finden. In der eintönigen Wüste boten sie auch einen willkommenen Orientierungspunkt, da sie schon von Weitem sichtbar und nachts erleuchtet waren.

Von den chinesischen Häfen Kanton (Guangzhou), Zaitun (dem damaligen Quanzhou) und Quinsay und indischen Häfen wie Cambay, Thana und Calicut brechen regelmäßig Schiffe gen Arabien oder Ägypten auf, entweder entlang der chinesischen und indischen Küste oder seltener geradewegs durch den Golf von Bengalen oder den Golf von Oman Richtung Hormus, Maskat oder Aden. Bis zum 7. Jahrhundert gelangt die Seide hauptsächlich auf indischen Schiffen von China nach Arabien. Die Finanziers sind Chinesen, die Schiffe indisch und die Mannschaften stammen oft aus Malaysia, von den Inseln Südostasiens oder gar aus Korea. Zwischen 200 v. Chr. und dem 7. Jahrhundert n. Chr. macht sich eine zunehmende Zahl omanischer und arabischer Schiffe mit den Monsunwinden nach China auf.

Wer das Rote Meer hinauffährt, muss sein Schiff vor der Landenge von Suez entladen, die Fracht auf Kamelen über Land nach Alexandria transportieren und dort auf ein anderes Schiff verladen.

Einen wesentlich längeren Weg nimmt die Fracht jener Schiffe, die den Persischen Golf passieren und Waren wie Passagiere im Iran ausladen; nun muss nämlich noch der ganze Nahe Osten (bis Anatolien) durchquert werden, um nach Tyros, Antiochia, Alexandrette oder Konstantinopel zu gelangen. Doch im Lauf der Jahrhunderte endet die Reise der Seide immer seltener in Konstantinopel. Westeuropa wird stattdessen seit Beginn des christlichen Zeitalters zunehmend zur Endstation der Seidenstraße, wobei allein die Passage des Mittelmeers ein bis zwei Monate dauern kann.

DOM·VASQVO·D·A·GAMA·DESCOBR
IDOR·DAJNDIA·ANODE·502·
DOMVASQVODAGAMACOMDEAL
AIMDIAQVECHEGAMDOAIMDIALHE
MIRAMTEVISOREIQVEDESCOBR
TREMEOOMAROANODE 524

In Konstantinopel werden die Seidenballen meist auf venezianische oder genuesische Schiffe umgeladen, die an den Quais zu beiden Seiten des Goldenen Horns vertäut sind. Rudernd und mit voll gehissten Segeln durchqueren die Galeeren oder Galeonen das Marmarameer, um sich in die stellenweise nur anderthalb Kilometer breite Meerenge des Hellespont einzufädeln. Nun nehmen sie Kurs auf Chios, eine reiche, fruchtbare Insel (mit Mandel-, Oliven-, Zitronen- und Maulbeerbäumen sowie Weinstöcken), die 1261 von Genua besetzt wird und wo man eine weniger hochwertige Seide erzeugt als in China.

Sofern es der Nordostwind gestattet, nehmen die Schiffe dann Kurs auf die Felsinsel Monemvasia und Kap Malea, umschiffen Kap Matapan, passieren die Meerenge von Kythira und gelangen nach Methone an der Westküste der Halbinsel Morea (heute Peloponnes) – eine reiche Stadt, wo neue Lotsen ein- und die arabischen Dolmetscher aussteigen. Von Methone fahren die venezianischen Schiffe die Adria hinauf nach Venedig, während die genuesischen Schiffe das Ionische Meer und die Straße von Messina durchqueren, um Kurs auf Neapel, die vorletzte wichtige Station ihrer Reise, zu nehmen. In Neapel laufen die Schiffe den durch das Castelnuovo gesicherten Hafen an. Dann nehmen sie Kurs auf die Insel Ponza, dann auf Civitavecchia bei Rom und Korsika, um der Straße von Piombino mit ihrer gefährlichen Strömung auszuweichen. Endlich ist Genua in Sicht: Die Schiffe passieren den mächtigen Leuchtturm und die Mole und ankern schließlich im Hafen. Die Seide wird ausgeladen, doch ihre Reise ist noch nicht zu Ende. Ausländische Händler kaufen die Seide in ganzen Ballen auf und bringen ihre kostbare Last nach Frankreich, in das Heilige Römische Reich Deutscher Nation, nach England, Spanien oder Skandinavien.

Seite 74: Die zweite (1502) und die dritte (1524) Reise Vasco da Gamas nach Indien. Reproduktion aus dem Buch von Lisuarte de Abreu (1565).
Oben: Blick auf Genua vom Belvedere di Castelletto. Neben Venedig war Genua sehr lange die westliche Endstation der Seidenstraße. Genua und Venedig führten wiederholt Krieg um die Kontrolle über das östliche Mittelmeer.
Unten: Die Küste von Kreta. Während der Herrschaft der Sarazenen (ab 826) erhielt ihre Hauptstadt Heraklion den Namen Candia (von kandah: Schanze). Den Sarazenen folgten die Genuesen und ab 1210 die Venezianer, die Kreta 1645 an die Osmanen verloren.

Baktrien und der Steinerne Turm

Das historische Königreich Baktrien ist ein kleiner, fruchtbarer Landstrich am Fluss Amu Darja (in der Antike Oxus) im Norden des heutigen Afghanistan. Das ursprünglich selbstständige Königreich ist mehr als tausend Jahre lang Knotenpunkt der Seidenstraßen Zentralasiens. Eingezwängt zwischen der Hissar-Kette im Nordosten und dem Hindukusch im Süden, besteht die Region aus einer Reihe üppiger, geschickt bewässerter Täler. Von Alexander dem Großen erobert, wird Baktrien nach dessen Tod durch den Statthalter Diodotos zum eigenständigen, griechisch-baktrischen Reich erklärt, das seinen Nachbarn zwei Jahrhunderte lang die Stirn bietet. Im 1. Jahrhundert n. Chr. fällt Baktrien unter die Herrschaft der Kushanas, ab dem 4. Jahrhundert gefolgt von den Hunnen, Türken, Sassaniden und schließlich, in der zweiten Hälfte des 7. Jahrhunderts, von den Arabern. Sie erobern Balkh (Baktra) und machen das Land zu einem Vorposten ihrer militärischen und religiösen Expansion in Zentralasien. Mit den gekappten Handelsrouten ist dadurch auch der Osten für lange Zeit vom Westen abgeschnitten.

Marmorbüste Alexanders des Großen, der auch Baktrien eroberte.

Am östlichen Rand Baktriens erhebt sich der Steinerne Turm, eine wichtige Station auf der Seidenstraße, wo chinesische Händler ihre Waren an Perser, Kushanas, Sassaniden oder Araber veräußerten, bevor sie wieder nach Chang'an (Xi'an) aufbrachen. Doch wo genau liegt dieser Ort? Ist er vielleicht identisch mit Taschkurghan oder Taschkent (beides bedeutet „steinerne Burg“)? Oder liegt er bei Yarkand am Osthang des Pamir? Oder aber westlich von Kaschgar?

Der Pamir

Als gewaltiges natürliches Hindernis zwischen China im Osten und Zentralasien im Westen verlangt der Pamir den Menschen und den schwer beladenen Kamelen, Yaks, Maultieren und Pferden alles ab. Dies geht so weit, dass man Geldstreitigkeiten oder andere Auseinandersetzungen für die Dauer der Reise beilegt, um sich mit vereinten Kräften gegen die

Ruinen von Baktra, der Hauptstadt Baktriens. Von Alexander dem Großen erobert, wurde Baktrien nach seinem Tod zum autonomen griechisch-baktrischen Reich, das seinen Nachbarn zweihundert Jahre lang widerstand, bis es nacheinander von den Kushanas, Hunnen, Türken, Sassaniden und Arabern überrannt wurde.

feindselige Natur oder so manchen gerissenen Banditen zur Wehr zu setzen.
Die durch den Pamir führenden Routen sind meist dürftige Pfade, die kaum Platz für zwei Tiere nebeneinander bieten, glitschige Wege, die sich an Felswänden entlang schlängeln, vorbei an gähnenden Abgründen, in denen nicht selten ein erschöpftes Tier oder ein höhenkranker Treiber endet. Bisweilen sind die Pfade derart schmal und gefährlich, dass man die Füße der Kamele schon beim geringsten Schneefall mit Teppichresten besohlt, damit sie nicht ausgleiten.
Den durch Senken zwischen den Bergmassiven führenden Teil der Seidenstraße nennt Marco Polo eine trostlose, finstere und unwirtliche Gegend: „Von dieser Ebene aus geht es zwölf Tage lang kreuz und quer; man nennt sie Pamir. In diesen zwölf Tagen findet man keine Behausungen oder Herbergen, denn auf dem ganzen Weg ist allein Wüste, und man findet nichts zu essen. Reisende, die hier hindurch müssen, sind gehalten, eigene Vorräte mitzuführen. Dort gibt es keinerlei Vögel, wegen der Höhe und starken Kälte, und weil sie dort nichts zu fressen finden würden. Auch sollt Ihr wissen, dass wegen der großen Kälte das Feuer nicht so hell und stark brennt und auch nicht dieselbe Farbe hat wie anderswo und das Fleisch nicht gut zu kochen ist.“

Samarkand

Samarkand, ein geheimnisvoller Name, der zum Träumen verleitet, eine Stadt aus Tausendundeiner Nacht inmitten von Sogdien im heutigen Usbekistan. Die im Jahr 329 v. Chr. von Alexander dem Großen eroberte Stadt wird sehr rasch zu einem wichtigen Handels- und Wissenschaftszentrum der islamischen Welt, vor allem, nachdem Timur Lang sie zur Hauptstadt auserkoren hatte. Seine Blüte verdankt Samarkand auch der zentralen Lage zwischen den Ebenen von Fergana im Nordosten, Baktrien im Süden, dem Pamir und China im Osten und dem sassanidischen Reich im Westen. Der florierende Handel geht nicht zuletzt auch auf die Sogdier zurück, die sich in China, Indien, Baktrien und dem Mittleren Osten niederlassen und weiterhin aktive Handelsbeziehungen zu ihrer alten Heimat unterhalten.

Oben: Bibi-Chanum-Moschee in Samarkand. Der für die meisten Moscheen charakteristische große Eingangsbogen ist von sassanidischen Bauwerken abgeleitet.
Links: Samarkand birgt bis heute eine Fülle architektonischer Schmuckstücke, die vom einstigen Ruhm und Reichtum der Stadt zeugen.

Unterwegs auf der Seidenstraße

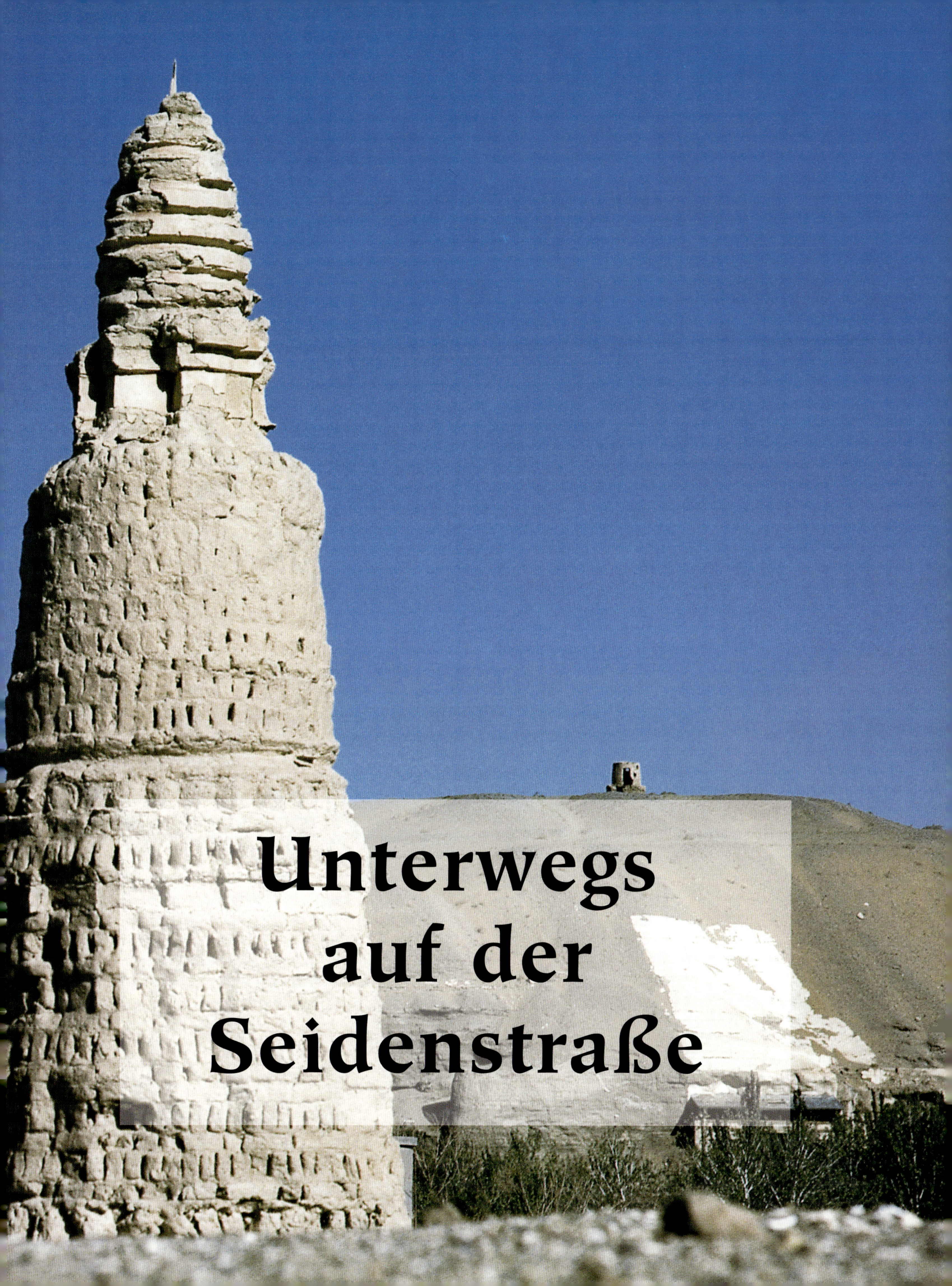

Auf der Seidenstraße begegnen wir nicht nur Kaufleuten, sondern auch manchem Geistlichen. Dank der bestehenden Handelswege können sich Lehren wie der Buddhismus von Indien über Zentralasien bis nach China ausbreiten.

Reisende in Sachen Glauben

Der Buddhismus beginnt sich im 1. und 2. Jahrhundert n. Chr. in China auszubreiten, vor allem unter den auswärtigen Kaufleuten und Botschaftern, jedoch kaum bei den Einheimischen. Erst mit dem Untergang der Han-Dynastie und den sich anschließenden unruhigen Zeiten dringt der chinesische Buddhismus in sämtliche Gesellschaftsschichten vor. Als sich die Chinesen in den letzten Jahren des 4. Jahrhunderts von sämtlichen Kontakten mit Indien abgeschnitten sehen und fürchten, dass sie sich von der Lehre Buddhas entfernt haben, entsenden sie den Mönch Faxian nach Indien. Dieser wählt selbstverständlich die in Chang'an (Xi'an) beginnende Seidenstraße und passiert Dunhuang, die Taklamakan-Wüste, das Karakorum-Gebirge und den Pamir, um über die Hochebene des Indus und am Ganges entlang nach Tamralipti zu gelangen; für den Rückweg wählt er die maritime Gewürzroute. Die Reise des buddhistischen Mönchs dauert stolze zwölf Jahre.

Zwei Jahrhunderte später stellen die chinesischen Buddhisten fest, dass sie die religiöse Praxis immer noch nicht korrekt ausüben, da die heiligen indischen Texte durch die Übersetzung ins Chinesische verfälscht wurden. Daher entsenden sie Xuanzang, der auch Mönch ist, nach Indien auf die Suche nach den indischen Urschriften des Buddhismus. Xuanzang bricht zu einer langen Reise auf: Von Chang'an (Xi'an) aus umwandert er die Taklamakan-Wüste in nördlicher Richtung und gelangt über Turfan, Fer-

Seite 78–79: Dunhuang, das ehemalige Shazhou, ist eine wichtige Station auf dem im äußersten Westen des Gansu-Korridors gelegenen Abschnitts der Seidenstraße. Berühmt sind der klingende Sandberg (Mingsha Shan), der inmitten der Dünen gelegene Mondsichelsee (Yueyaquan) sowie die Mogao-Grotten mit einem buddhistischen Kloster und prachtvollen Fresken.
Links: Fest zu Ehren Padmasambhavas im Samye-Kloster (Tibet) am 10. Tag nach dem tibetischen Neujahr (Losar).

Seite 82: Detail einer Darstellung des buddhistischen Paradieses (Sikkim, 18. Jahrhundert).
Seite 83: Eine Buddha-Statue aus der Tang-Zeit (618–907). Skulpturen, die Szenen aus Buddhas Leben darstellen, sollen die Gläubigen beim Streben nach innerem Frieden unterstützen und zu Gebet und Meditation auffordern.

Oben: Kopf der 71 Meter hohen Buddha-Statue von Leshan, der weltweit größten Buddha-Statue. Sie wurde zwischen 713 und 803 von Mönchen auf einem Steilhang an einer Mündung dreier Flüsse errichtet.
Seite 85: Blick in die zum buddhistischen Tempel von Luoyang (Provinz Henan) gehörende Grotte der Tausend Buddhas. Dieses Kunstwerk entstand um 680 während der Tang-Dynastie. Die mittlere, vier Meter hohe Statue zeigt den Amitabha-Buddha, der von den Mönchen Ananda und Kasyapa flankiert wird.

gana, Samarkand und Balkh (Baktra) zum Indus-Tal, dem er folgt, um schließlich nach Süden abzubiegen. Xuanzang bleibt 16 Jahre in Indien.

Er besucht Hunderte buddhistische Klöster, die im 5. Jahrhundert von den Hunnen zerstört und danach aufgegeben wurden. Nur im Osten Indiens trifft er auf einige Relikte des Buddhismus, denn im Norden und im Zentrum des Landes hat die alte Religion, der Hinduismus, den Buddhismus wieder verdrängt. Xuanzang trägt dort zahlreiche heilige Handschriften zusammen und kehrt von Tamralipti über das Ganges-Tal, den Himalaja, das Karakorum-Gebirge und Dunhuang nach Chang'an (Xi'an) zurück. Dort zieht er sich in ein Kloster zurück, um die mitgebrachten heiligen Texte zu übersetzen.

Auch andere buddhistische Pilger benutzen die Seidenstraße. Wie jedoch der Historiker Jean-Pierre Drège zeigt, wird der Landweg im Lauf der Jahrhunderte von den Geistlichen zunehmend stärker zugunsten des Seewegs aufgegeben. Ab dem 9. Jahrhundert versiegt der Pilgerstrom allmählich, da der Buddhismus immer weniger Anhänger findet. Zwischen 843 und 845 wird er von Kaiser Wuzong sogar verboten. Von nun an lockern sich die religiösen Kontakte Chinas mit Indien und Zentralasien.

Diplomaten

Auf die gefährliche Seidenstraße begaben sich auch zahlreiche Reisende auf Anordnung ihres Landesherrn; nicht wenige ließen dabei ihr Leben. Der erste dieser Mutigen ist zweifellos Zhang Qian, den der Han-Kaiser Wudi 135 v. Chr. in die „westlichen Lande" entsendet, um mit den zentralasiatischen Stämmen Bündnisse gegen die Xiongnu, die Hauptgegner der Chinesen in diesem Teil ihres Reiches, zu schließen.

Auch europäischen Ordensmännern begegnen wir auf der Seidenstraße, etwa Johannes von Plano Carpini (auch Johannes de Piano Carpini genannt), von Papst Innozenz IV. 1245–1247 nach China entsandt, oder Wilhelm von Rubruk, der auf Geheiß Ludwigs IX. 1253–1255 nach China reist.

Seite 86–87: Mit 8844 Metern (nach neuesten Messungen aus dem Jahr 2005) ist der im Himalaja im Grenzgebiet zwischen Nepal und Tibet gelegene Mount Everest der höchste Berg der Welt. Sein tibetischer Name lautet Qomolangma oder „göttliche Mutter Erde".

Mitte des 13. Jahrhunderts erlebt Westeuropa eine Phase des Fortschritts, Wohlstands und beinahe auch des inneren Friedens; dann aber taucht die Bedrohung durch die Mongolen am christlichen Horizont auf. In Lyon tagt 1245 ein Konzil, um zu entscheiden, wie man diese möglichen Invasoren bekämpfen soll. Am Ende wird Carpini mit einer dreifachen Chinamission betraut: Zunächst einmal soll er herausfinden, wie sich die Mongolen den Christen gegenüber zu verhalten beabsichtigen. Dann soll er sich nach Möglichkeit mit ihnen gegen die Muslime verbünden und sie schließlich zum Christentum bekehren. Innozenz IV. hält die politische Lage für günstig, denn Ugedei Khan, der Sohn und Nachfolger Dschingis Khans, ist 1241 gestorben und Gesandte aus dem ganzen mongolischen Reich sind in der Hauptstadt Karakorum zusammengekommen, um ein neues Oberhaupt zu bestimmen. An dieser großen internationalen „Konferenz“ nehmen Chinesen, Mongolen, Koreaner und Türken teil. Unterstützt von Genua und Venedig, die in Asien nach größerem Einfluss streben, entsendet Innozenz IV. den aus Italien gebürtigen Franziskaner Johannes von Plano Carpini. Diese Wahl ist wohlbedacht: Als Bettelbruder ist Carpini mit Armut und Wanderschaft vertraut. Zudem ist er gebildet, besitzt diplomatisches Geschick und ist weit gereist – er kennt Europa von Skandinavien bis Spanien. Carpini entscheidet sich für die Steppenroute, die kürzer ist als die traditionelle Seidenstraße und auch sicherer, seitdem die kleineren Nomadenstämme von den Mongolen unterworfen wurden. Er verlässt Lyon im Jahr 1245 und trifft Anfang 1246 in Kiew ein, von wo er am 3. Februar mit drei Gefährten aufbricht. Er wendet sich zunächst nach Süden in Richtung Schwarzes Meer und passiert die nördlichen Ausläufer des Tian-Shan-Gebirges, um schließlich in die Mongolei zu gelangen. Seine Beschreibung dieses Landes ist bemerkenswert: „Stellenweise sehr gebirgig, ist es anderswo flach und gleichförmig, doch überall sandig und nackt, und kaum der hundertste Teil ist

Oben: Auf dem Konzil von Lyon (1245) wird nicht nur Kaiser Friedrich II. exkommuniziert, Papst Innozenz IV. möchte auch die Christenheit davon überzeugen, dass die Mongolen eine Gefahr darstellen und man ihre wahren Absichten herausfinden muss.

Seite 89: Lohan, einer der Schüler Buddhas (Gemälde von Liu Sungnien, Song-Periode).

fruchtbar. So wenig das besagte Land sonst auch abwerfen mag, eignet es sich doch für die Viehzucht. Da und dort wachsen Bäume in geringer Zahl, doch insgesamt gibt es anscheinend keinerlei Wälder. Daher werden der Kaiser, sein Gefolge und alle anderen von Feuern gewärmt (mit denen man auch ihre Speisen kocht), die nicht Holz nährt, sondern die Ausscheidungen der Rinder und Ziegen." Später beschreibt er die Bewohner: „Es sind Heiden, die sich einer besonderen Schrift bedienen und, wie es heißt, die Bücher des Alten und Neuen Testaments besitzen. Auch besitzen sie historische Werke über das Leben ihrer Ahnen. Und es gibt Eremiten von gleicher Art wie die unserer Kirchen, denen in diesen Zeiten die Besucher zuströmen. Sie lieben die Christen, geben viele Almosen und sind sehr höflich und wohlerzogen." Carpini trifft am 22. Juli 1246 in der nördlich der Wüste Gobi gelegenen mongolischen Hauptstadt Karakorum ein. Über 4000 mit Geschenken beladene Botschafter haben sich bereits eingefunden, um dem neuen Herrscher des Reichs, Gujuk Khan, die Ehre zu erweisen. Doch Innozenz IV. und Carpini haben einen schweren Fehler begangen: Der Ordensmann hat kein Geschenk mitgebracht. Zudem fordert Guyuk Khan, dass sich der Papst ihm unterwirft, was den Christen unvorstellbar erscheint. Die Mission erweist sich zwar als Fehlschlag, doch der Khan hegt keinen Groll. Er schlägt Carpini sogar vor, ihn von mongolischen Botschaftern nach Europa begleiten zu lassen – was dieser jedoch ablehnt, denn er will vermeiden, dass sie die westlichen Völker ausspionieren. Carpini verlässt Karakorum am 13. November 1246. Am 9. Juni 1247 trifft er in Kiew ein und im Herbst in Lyon, um zahlreiche Beobachtungen und Entdeckungen reicher, die er in seiner fabelhaften *Historia Mongolorum* festhält.

Oben: Das nördlich von Haifa gelegene Akko spielte während der Kreuzzüge eine bedeutende Rolle. Als eine der Endstationen des Landwegs und zugleich Ausgangspunkt für einen der Seewege der Seidenstraße nach Europa bildete es lange Zeit eine „Brücke" zwischen Orient und Okzident.

Seite 90: Ludwig IX. (der Heilige) und Johannes der Täufer. Kurz nach Ende der Herrschaft Ludwigs brach Marco Polo zu seiner langen Reise auf. Wie Papst Innozenz IV. zeigte sich auch Ludwig IX. schon früh über die Macht des mongolischen Reiches und eine mögliche Gefährdung des christlichen Europa beunruhigt.

Seite 92–93: Lithografie von Gustav Mützel. Mit seiner Milch war der Yak den Menschen eine regelmäßige Nahrungsquelle. Getrockneter Yak-Dung dient bis heute als Brennmaterial. Gemeinsam mit dem Trampeltier ist der Yak zu Recht ein Symbol der Seidenstraße.

Die Europäer möchten Asien unbedingt näher kennenlernen. Wilhelm von Rubruk, auch er Franziskaner, wird acht Jahre später mit einem ähnlichen Auftrag betraut, allerdings nicht mehr vom Papst, sondern durch den französischen König Ludwig IX. Über von Rubruk, einen gebürtigen Flamen, weiß man nur, dass er Frankreich und Paris kennt, möglicherweise an der Pariser Universität Sorbonne studiert hat und ihm der Auftrag durch Ludwig IX. in Akko erteilt wurde, der ihm Briefe an den Khan übergab. Der König befindet sich 1248 nämlich auf Betreiben des Königs von Byzanz (und gegen den Willen des Papstes Nikolaus IV.) auf Zypern, um dort einen Kreuzzug gegen die Mamelucken in Ägypten vorzubereiten. Auf Zypern aber empfängt er einen mongolischen Gesandten, der sich anbietet, ihm bei der Rückeroberung Jerusalems zu helfen, zumal der Großkhan zum Christentum übergetreten sei. Nach der verheerenden Niederlage in al-Mansura erreicht der König schließlich Palästina und beschließt, einen Botschafter an den Hof des Khans zu entsenden – offiziell, um das Evangelium zu verkünden und inoffiziell, um die Lage zu sondieren und den mongolischen Herrscher zu einem Bündnis mit den Christen zu bewegen.

Wilhelm verlässt Akko im Jahr 1252 und verbringt ein Jahr mit Reisevorbereitungen in Konstantinopel, das er am 7. Mai 1253 mit sieben Gefährten verlässt, um am 27. Dezember in Karakorum einzutreffen. Hierbei benutzt er nahezu die gleiche Route wie vor ihm Carpini. In Soldaia (Sudak) auf der Krim angelangt, geht es mit vier Ochsenkarren weiter gen Osten. Er benötigt mehr als einen Monat, um die große Sandwüste nördlich des Kaspischen Meeres zu durchqueren, schwenkt dann in Richtung Taschkent ab und gelangt am Aralsee und Balchaschsee vorbei schließlich in die Mongolei, wo er endlich im Lager der „Goldenen Horde“ eintrifft. Wie Carpini ist auch Wilhelm ein glänzender Beobachter. Er schreibt über die Yaks: „Sie besitzen dort eine außergewöhnlich starke Rinderart mit Schwänzen wie von Ziegen, mit langem struppigen Fell an Bauch und Rücken und längeren Beinen als beim gewöhnlichen Rindvieh und von extremer Wildheit.“ Und über die Nachbarn der Mongolen: „Jenseits der Tanguten leben die Menschen von Tebet [Tibeter], die aus den Schädeln ihrer Anverwandten schöne Schalen fertigen, um an die Verstorbenen zu erinnern und so die Freuden bei ihren Orgien zu mehren, wenn sie daraus trinken.“ Und schließlich über China: „Das große Cathaya [Kathai = China], dessen Bewohner die gleichen sind wie jene, die man einst Serer nannte. Von ihnen stammen die vorzüglichsten Seidenstoffe.“ Auch seine Beschreibung des Großkhans Möngke (Mangu) ist anschaulich: „Das Haus war zur Gänze mit Goldstoffen geschmückt, und in der Mitte gab es eine offene Feuerstelle. Auf einem Lager ruhend, war Möngke in eine gefleckte Haut gehüllt, die gleich dem Fell eines Seehunds schimmerte. Er ist von kleiner bis mittlerer Statur und 45 Jahre alt; neben ihm saß eine junge Frau.“ Interessierte sich Möngke für das Christentum? Vielleicht. Man weiß, dass seine Mutter von Nestorianern bekehrt worden war, deren Anwesenheit am Hof der Khane bereits seit Anfang des 13. Jahrhunderts belegt ist. Erstaunlicher ist das Glaubensbekenntnis, das Möngke eines Tages vor Wilhelm von Rubruk ablegt: „Wir Moal [Mongolen] glauben an den einen Gott, durch den wir leben und sterben und dem wir treuen Herzens dienen. Doch so wie Gott uns die verschiedenen Finger der Hand gab, gab er den Menschen auch verschiedene Mittel [...]. Er gab Euch die heilige Schrift, und Ihr gehorcht ihr nicht. Er

Oben: Münze mit dem Bildnis Konstantins VII. (905–959), Kaiser von Byzanz. Über Byzanz (Konstantinopel), die Hauptstadt des Oströmischen Reiches, gelangte das Geheimnis der Seidenerzeugung schließlich in den Westen.

Seite 95: Das Ausladen von Waren im Hafen von Khambat, nach der Beschreibung Marco Polos. Seine Schilderungen der von ihm bereisten Städte und Landschaften wirkten derart fantastisch, dass man sich lange fragte, ob er überhaupt bis nach China gekommen war.

le liure marc paul.

Seite 96–97: Handel an den Flüssen entlang der Seidenstraße, wie von Marco Polo beschrieben. Dieser hielt sich 17 Jahre lang am Hof von Großkhan Kubilai auf und wurde sogar zu dessen Günstling und Berater.

gab uns die Propheten, und wir tun, was sie uns auftragen, und leben in Frieden."

Wilhelm von Rubruk bleibt sechs Monate beim Großkhan. Für die Rückreise nach Europa schlägt dieser ihm zwei Routen vor: eine nördliche durch die Steppe, wie auf dem Hinweg, oder eine weiter südlich gelegene, wo „viele Städte sind, die er besuchen kann". Wilhelm entscheidet sich dennoch für den ihm schon bekannten Weg, um vielleicht einige Reisegefährten wiederzufinden, die er unterwegs hatte zurücklassen müssen. Mit einem Brief an den König im Gepäck, verabschiedet sich Wilhelm von Rubruk am 26. Juni 1254. Er ändert seine Route leicht ab, indem er westlich des Kaspischen Meeres abzweigt und über den Kaukasus nach Georgien und von dort aus via Erzurum nach Kappadokien reist, denn er rechnet damit, Ludwig IX. noch in Palästina anzutreffen. Als er 1255 in Akko eintrifft, ist der König jedoch bereits abgereist. Wilhelm sendet ihm einen Bericht, der weitaus vollständiger, detaillierter und präziser ist als der Carpinis an Papst Innozenz IV.

Abenteurer, Kaufleute und Händler

Auf die Botschafter und Geistlichen folgen die Händler. Wer aber sind diese Kaufleute, die sich auf das Abenteuer Seidenstraße einlassen? Eines ist gleich vorauszuschicken: Anders als die Reisenden im Dienste eines Herrschers oder des Glaubens legt kein Händler die gesamte Strecke zurück. Die Waren werden also niemals nur von einer Karawane oder einem Händler aus China in den Westen befördert. Vielmehr haben sich unzählige Zwischenhändler an der Seidenstraße niedergelassen. In China sind die Kaufleute indes nur selten Chinesen, denn diesen gilt der Handel als eine Art notwendiges Übel. Die „chinesischen" Händler sind zumeist Angehörige der ins Reich integrierten Nomadenstämme wie der Yuezhi, die ihre Waren in Zentralasien an die Sogdier von Samarkand verkaufen. Über meist persische Zwischenhändler werden die Handelsgüter dann im Nahen Osten an Syrer, Griechen oder Juden veräußert, die sie wiederum bei Kaufleuten aus dem Westen (meist Genuesen oder Venezianer) zu Geld machen.

Seit dem Mittelalter sind auch Händler aus dem Westen auf der Seidenstraße unterwegs. Ihr berühmtestes Vorbild ist selbstverständlich Marco Polo, der von 1271 bis 1292 durch ganz China reiste.

Der Transithandel erfordert zwangsläufig ein Wiegen und Bezahlen der gehandelten Waren entlang der Straße. Welche Maßeinheiten verwendet man auf dieser Strecke von 8000 Kilometern, die durch mehrere Großreiche führt? Es gibt eine Gewichtseinheit, die zumindest im mittelorientalischen Abschnitt der Seidenstraße sehr oft auftaucht: die Drachme (ca. sechs Gramm) und ihre Vielfachen Mine (25–100 Drachmen) und Talent (20–28 Kilogramm). Verwendet wurde entweder die römische Waage mit Laufgewicht oder die ägyptische Balkenwaage mit zentralem Zeiger. Was das Aufkommen von Münzgeld angeht, darf man annehmen, dass man bis zum 8. Jahrhundert v. Chr. Tauschhandel betrieb und Seide etwa gegen Getreide oder Metallbarren eintauschte. Erst ab dem 8. Jahrhundert v. Chr. werden in Kleinasien die ersten Metallmünzen geprägt, die allmählich rund um die Ägäis Verwendung finden. Später prägt man in Griechenland flache, kreisrunde Münzen. Gold- und Silbermünzen bleiben meist den großen internationalen Geschäften vorbehalten, während man im Alltag mit Kupfermünzen bezahlt.

Sprachen der Seidenstraße

Früher oder später wird sich jeder, der sich ein wenig mit der Seidenstraße befasst, fragen, wie sich die zahlreichen Händler, Ordensleute und Diplomaten überhaupt verständlich machen konnten.

Die meisten Reisenden sind der unterschiedlichen Landessprachen der bereisten Gebiete nicht mächtig. Daher müssen sie sich eines Dolmetschers bedienen, wie dies auch Johannes von Plano Carpini und Wilhelm von Rubruk taten.

Man kann sich leicht vorstellen, dass die Übersetzung aus dem Französischen, Italienischen oder Lateinischen (bei Schriftstücken) etwa ins Mongolische oftmals mehr als vage ausfiel. Carpini bekommt dies gleich nach seinem Eintreffen am Hofe des

Oben: Aus dem Stundenbuch des Herzogs von Belfort (um 1412). Die vom Boucicaut-Meister illustrierte Szene stammt aus einer Sammlung von Manuskripten mit Reiseberichten, die sich auf finanzielle Transaktionen und den Textilhandel im Spätmittelalter beziehen.

Khans zu spüren, denn sein Dolmetscher zeigt sich nicht in der Lage, die diversen päpstlichen Dokumente zu übersetzen. Der auf der Krim angeheuerte türkische Dolmetscher Wilhelms kehrt die Äußerungen des Franziskaners nicht nur oft ins genaue Gegenteil um, sondern ist dazu noch sehr oft betrunken. Carpini und Wilhelm haben das große Glück, dass es am Hof des Großkhans Dolmetscher gibt – Russen bei Carpini und armenische Mönche bei Wilhelm. Diese übersetzen die Briefe, die Ludwig IX. auf Lateinisch, Arabisch und Altsyrisch (durch einen Priester aus Akko) hat abfassen lassen, ins Mongolische. Wilhelm von Rubruk profitiert zudem von der unerwarteten Hilfe durch drei europäische Gefangene in den Händen der Mongolen. Neugierig auf alles, lässt sich Wilhelm von Rubruk ein wenig Mongolisch von einem armenischen Mönch beibringen, um die Arbeit seines Dolmetschers zumindest grob überwachen zu können.

Nach Europa zurückgekehrt und um viele Erfahrungen reicher, versäumen es Carpini und auch Wilhelm von Rubruk nicht zu betonen, dass für Reisen in Asien ein, besser noch mehrere gute Dolmetscher notwendig seien und man idealerweise die Landessprache aktiv beherrsche. Dies bleibt nicht ohne Wirkung, denn die großen europäischen Universitäten beginnen alle damit, die Sprachen ferner Länder zu unterrichten.

So fasst 1311 das Wiener Konzil den Beschluss, dass die Universitäten von Bologna, Paris, Salamanca und Oxford den Missionaren Arabisch, Hebräisch und Syrisch beibringen müssen. Für die im Asiengeschäft tätigen Kaufleute und Handelsreisenden entsteht in dieser Zeit mit dem *Codex Cumanicus* sogar ein dreisprachiges Wörterbuch Lateinisch-Persisch-Türkisch.

Seite 100–101: Marco Polos Vater Niccolò und sein Onkel Maffeo Polo nehmen Abschied vom Großkhan, während Marco bereits bei den Pferden wartet. Diese oder eine ähnliche Szene dürfte 1292 stattgefunden haben, doch die Polos werden erst im Herbst 1295 wieder in Venedig eintreffen.

tendre et a enquerir pour raconter

Comment messire nicolas et messire ni

grant seigneur:

marc demanda et congie au seigneur:

Auszüge aus *Berichte aus China und Indien (Ahbar as-Sin wa-l-Hind)*

„Die Bewohner Chinas, Kleine wie Grosse, kleiden sich sommers wie winters in Seide; die Fürsten [tragen] die beste Seide, die anderen nach ihren Mitteln. Im Winter ziehen die Männer zwei, drei, vier, fünf oder noch mehr Beinkleider an; was sie damit anstreben, ist, den unteren Teil ihres Körpers warm zu halten, denn sie fürchten den übermäßig feuchten Boden. Im Sommer tragen sie nur ein einziges Hemd oder ähnliches Obergewand. Einen Turban tragen sie nicht."

„Man sagt, dass der König von China mehr als 200 Metropolen besitzt; jede von ihnen hat einen Fürsten mit Eunuch, und andere Städte sind von ihr abhängig. [...] [Die Chinesen] tätigen ihren Handel mittels kupferner Münzen, obwohl ihre Kronschätze wie die der [anderen] Könige sind. Kein anderer König besitzt Kupfermünzen. Dies ist die Währung des Landes. Sie [die Chinesen] besitzen Gold, Silber, Perlen, bestickte Stoffe, Seide; all dies findet sich reichlich, ist jedoch nur Ware, wogegen mit Kupfermünzen bezahlt wird. Man bringt ihnen Elfenbein, Weihrauch, Kupferbarren, Schildpatt – dies ist die Haut der Schildkröten [...]. Sie sind reich an Lasttieren; sie haben keine arabischen Pferde, sondern andere [Rassen]; sie haben Esel und zahlreiche Kamele mit zwei Höckern. Auch besitzen sie hervorragendes Tonzeug, aus dem sie Schalen machen, so fein wie Glasflakons [...]."

„Den Kaiser [von China] erblickt man nur alle zehn Monate. ‚Wenn die Menschen

1. Chinesin beim Ernten der Kokons in einem Eichenbaum. 2. Übergabe der gesammelten Kokons. 3. Abtransport eines vollen Korbes. 4. Kind beim Auflesen von Kokons.

Alljährliches Kimono-Fest auf der japanischen Insel Kyushu. „Da kommen Frauen, die sind vom Kopf bis zu den Füßen in eigenartig mit Gold oder Silber durchwirkte asiatische Seide gehüllt."

Pierre Loti, *Die Entzauberten*

Für ein Kilogramm Seide werden rund 45 000 Kokons (mit einem Gewicht von über zehn Kilogramm) benötigt! Für eine Krawatte braucht man 120 Kokons, für eine Bluse 650 und für einen Kimono sogar 3000 Kokons.

Tor zur Verbotenen Stadt, Beijing.

mich sähen', so sagt er, ‚dann hätten sie keine Achtung mehr vor mir. Autorität wahrt man allein durch Dünkel; das gemeine Volk weiß Gerechtigkeit kaum zu danken; daher muss man voll des Dünkels auftreten, um von ihm geachtet zu werden.'"

„Wer in China von einem Ort zum andern gehen will, erhält zwei Schriftstücke, [eines] vom Fürsten und [das andere] vom Eunuchen. Das des Fürsten ist für den Weg: Es nennt den Namen des Mannes und die seiner Begleiter, sein Alter und das seiner Begleiter und den Stamm, dem er angehört, denn alle, die in China sind – Chinesen, Araber und andere – müssen unbedingt ihre Abstammung mit jener [Gruppe] verbinden, deren Namen sie tragen. Das Schreiben des Eunuchen nennt das mitgeführte Geld und die Waren. Auf dem Weg gibt es nämlich Militärposten, die beide Schreiben kontrollieren. Und wenn ihnen jemand begegnet, auf dass nicht das Geld des Mannes und irgendwelche seiner Waren verloren gehen, notieren sie: ‚Dieser, Sohn von diesem, von diesem Stamm ist uns dann und dann begegnet und führte diese Summe mit sich.' Falls der Mann nun etwas verliert oder umkommt, weiß man, wie es verloren ging und gibt es ihm oder den Erben zurück."

„China ist annehmlicher und schöner [als Indien]; im größten Teil von Indien gibt es keine Städte; die Chinesen aber haben allerorten richtige, mit einem Wall umschlossene Städte. China ist auch sauberer; es gibt dort weniger Krankheiten, und die Luft ist gesünder. Nie begegnet man dort einem Blinden, Einäugigen oder Siechen, wie man sie in großer Zahl in Indien antrifft. Die Flüsse in beiden Ländern sind ansehnlich; es gibt welche, die sind größer als die Unseren. Regen fällt in beiden Ländern reichlich. Indien hat viele Wüsten; China ist zur Gänze besiedelt und bestellt."

Berichte aus China und Indien (Ahbar as-Sin wa-l-Hind, Relation de la Chine et de l'Inde)

Oben: Chinesischer Jadeanhänger mit Phönix-Motiv.
Links: Mit Elefantenköpfen verziertes Tongefäß mit Elefant als Sockel. Grabbeigabe oder Reliquiar aus der Tang-Dynastie (618–907).

Marco Polo

Der berühmteste Europäer auf der Seidenstraße ist ganz zweifellos Marco Polo. Er übertrifft alle anderen Reisenden durch seinen abenteuerlustigen und eigensinnigen Charakter, seine Neugier auf alles Fremde und nicht zuletzt auch die Dauer seiner Reise. Marco Polo bleibt über 24 Jahre in Asien und kommt weiter als seine Vorgänger – bis in die Mongolei und nach China, wo er sogar zum Freund und Vertrauten des Kubilai Khan (1214–1294) wird. Er bereist weite Teile des chinesischen Reiches und hinterlässt eine detaillierte Schilderung seiner Eindrücke.

Die Gebrüder Polo

Alles beginnt im Jahr 1260, als die Brüder Maffeo und Niccolò Polo, zwei Kaufleute aus dem niederen venezianischen Adel, nach Zentralasien reisen, um dort neue Bezugsquellen zu erschließen. Die Brüder handeln zunächst mit Diamanten, dann aber auch mit zahlreichen anderen Waren. Sie besitzen bereits ein Kontor in der Hafenstadt Soldaia (Sudak) auf der Krim, doch die Konkurrenz durch Genuesen auf dem Schwarzen Meer wird zunehmend größer. 1260 brechen die Polo-Brüder daher nach Sarai an der Wolga auf, auf der Suche nach kostbaren Handelsgütern wie Seide, Pelze und Gewürze. Ein Jahr lang sind sie in dieser Region als Händler aktiv. In Sarai befindet sich der Hof des lokalen muslimischen Herrschers Barka Khan, von dem sie wohlwollend empfangen werden. Ein ausbrechender Krieg zwischen ihm und seinem Vetter, dem Hulagu Khan, verhindert jedoch, dass die Polos auf dem gleichen Weg nach Konstantinopel und von dort nach Italien zurückkehren können. Ohne lange zu zögern, beschließen sie, die Konfliktzone weiträumig in östlicher Richtung zu umgehen. Also überqueren sie die Wolga und gelangen nach Buchara, die „schönste [Stadt] von ganz Persien". Doch die Rechnung geht nicht auf, da die Unsicherheit auf den Karawanenrouten eine Weiterreise oder Rückkehr unmöglich macht. Die Brüder werden drei Jahre in Buchara festsitzen.

Seite 104–105: Niccolò und Maffeo Polo überreichen dem Kubilai Khan ein päpstliches Schreiben (Illustration nach *Die Wunder der Welt* von Marco Polo).
Seite 106: Porträt Marco Polos aus der von Martin Waldseemüller verfassten *Cosmographiae Introductio*, einem der ersten „Weltatlanten" (Anfang 16. Jahrhundert).

Oben: Die Ankunft der Gebrüder Polo in Buchara, der „schönste[n] [Stadt] ganz Persiens". Wegen der Unsicherheit, die in der gesamten Region auf den Karawanenstraßen herrscht, und wegen des Krieges, den der Khan gegen seinen Vetter führt, können sie ihre Reise erst nach drei Jahren fortsetzen. (Illustration nach *Die Wunder der Welt* von Marco Polo).

Doch zum Glück treffen Botschafter des Hulagu Khan in Buchara ein. Sie tun den Brüdern kund, dass Großkhan Kubilai, der 1251 seinem Bruder Möngke nachgefolgt war, sie empfangen würde. Die Polos ergreifen diese Gelegenheit beim Schopf: Mit ihrer Eskorte verlassen sie Buchara und erreichen Samarkand, eine „gar große Stadt, und edel dazu. Die Menschen dort sind Christen und Sarazenen", sowie Kaschgar. Konfrontiert mit der feindlichen Wüste Taklamakan, beschließen sie, nach Norden über Turfan und Hami auszuweichen, um dann nach Südosten Kurs auf die Oasenstadt Dunhuang zu nehmen. Dem Gansu-Korridor folgend und gen Nordosten schwenkend, treffen sie 1266 in Karakorum am Hof des mongolischen Herrschers ein. Kubilai Khan bekundet ein reges Interesse an Europa, seinen Staaten, dem Papst und der katholischen Kirche. Niccolò und

元世祖

Maffeo, die mehrere Türksprachen fließend sprechen, verbringen mehr als ein Jahr am Hofe. Als sie 1267 ihre Rückreise nach Italien antreten, haben sie eine Botschaft an Papst Clemens IV. im Gepäck: Kubilai Khan fordert den Heiligen Vater auf, ihm hundert Gelehrte zu schicken, um die christliche Religion und das westliche Wissen im Mongolenreich zu verbreiten. Zudem bittet er den Papst um ein Fläschchen mit dem Öl des Ewigen Lichts am Heiligen Grab in Jerusalem. Um den Gebrüdern Polo eine sichere Rückreise zu garantieren, erhalten sie einen Geleitbrief in Form einer goldenen Tafel. Dieser spezielle „Pass" für die Tischgenossen des Khans sorgt dafür, dass in seinem gesamten Herrschaftsbereich stets eine Unterkunft, Proviant, Pferde und Führer bereitstehen. Für die Polos gestaltet sich die Rückreise also weit unbeschwerlicher als der Hinweg. Dennoch nimmt sie gut zwei Jahre in Anspruch. Die Brüder treffen erst im April 1269 in Venedig ein, nachdem sie in Akko vom Tod des Papstes erfahren und dem Päpstlichen Legaten Tebaldo Visconti von ihrer Reise und Mission berichtet haben; dieser rät ihnen, erst nach der Wahl eines neuen Papstes erneut aufzubrechen.

Marco Polos Reise nach China (1254–1324)

In Venedig sieht Niccolò Polo seinen Sohn Marco wieder; bei seiner Abreise war dieser sechs Jahre alt gewesen, jetzt ist er 15. Zwischenzeitlich ist auch Niccolòs Frau verstorben. Es ist übrigens keinesfalls sicher, dass Marco Polo 1254 in Venedig geboren wurde, vielmehr könnte auch Dalmatien in Frage kommen. Marco ist jedenfalls in Venedig, dem neben Genua bedeutendsten mediterranen Handelszentrum, aufgewachsen und erhielt dort die klassische Bildung der jungen Adeligen seiner Zeit.

Ende 1271 beschließen die Gebrüder Polo, nicht länger mit ihrer nächsten Reise warten zu wollen. Sie reisen nach Akko, besuchen Jerusalem und erfahren, dass der Legat Tebaldo Visconti soeben zum Papst gewählt wurde. Als Gregor X. empfängt dieser sie mit Freuden und überreicht ihnen Briefe und Geschenke an den Großkhan. Die Brüder machen sich nun erneut nach Asien auf, diesmal in Begleitung Marcos und zweier Mönche.

Vom Reisen erschöpft und vor allem voller Angst angesichts der bloßen Vorstellung, in unbekannte Gefilde vorzudringen, machen die beiden Mönche schon bald kehrt. Die drei Venezianer setzen ihre Reise allein fort, indem sie den nach China führenden Routen der Seidenkarawanen folgen. Da sie dennoch nicht den gleichen Weg nehmen wollen wie vor zehn Jahren, entschließen sich Marcos Vater und Onkel zu einem weiten Umweg durch den südlichen Kaukasus und das Königreich Georgien. Die Route verläuft entlang dem Westufer des Kaspischen Meeres und über Sivas, Erzurum, Arzizi („wo eine Fülle von Waren eintrifft aus Indien, Baudac [Bagdad], Mossul, Cormos [Hormus] und noch vielen anderen Landen und wo romanische Händler, vor allem Genuesen, die Erzeugnisse aus fremden Ländern kaufen"), Tabriz („Die Menschen von Tabriz leben fürwahr vom Handel und der Kunst, denn sie erzeugen seidene und güldene Tuche aller Art") und Mossul „mit seinen seidenen und güldenen Stoffen, genannt Mossulines". Dort eingetroffen, so berichtet Marco Polo, beschließt man, gen Süden zum Persischen Golf weiterzureisen und so zu versuchen, die Reise nach China auf dem Seeweg fortzusetzen. Dieser Teil der Route wird heute von den Historikern angezweifelt. Waren sie tatsächlich in Kerman, wo die „Frauen und jungen Mädchen Nadelarbeiten von vorzüglicher Qualität herstellen und Seide in allen Farben, die sie mit Tieren und anderen Figuren besticken"? Waren sie wirklich in Hormus, wo man ihnen ein völlig heruntergekommenes Schiff zeigt und sie sich doch lieber für den Landweg entscheiden („ihre Barken sind sehr schlecht, und es geht vieles verloren, denn anstatt eiserner Beschläge verwenden sie Fäden aus der Schale indischer Nüsse [...]. Wer damit fährt, begibt sich so in nicht eben geringe Gefahr")? Sind sie also von Kerman aus nach Balkh (Baktra) gelangt („eine edle

Seite 108–109: Die Gebrüder Polo auf ihrer Reise (Illustration nach *Die Wunder der Welt* von Marco Polo). Um ihnen 1267 eine gefahrlose Rückreise zu sichern, überreicht ihnen der Khan einen Geleitbrief in Form einer goldenen Tafel, die alle Untertanen verpflichtet, die Reisenden mit Verpflegung, Obdach, Führern und Pferden zu versorgen.

Seite 110: Porträt (Aquarell auf Reispapier) eines mongolischen Würdenträgers, höchstwahrscheinlich Kubilai Khan (1214–1294). Kubilai Khan folgt seinem Bruder Möngke (Mangu) 1251 als Herrscher nach und residiert in Karakorum (Mongolei). Er bereitet den Gebrüdern Polo auf ihrer ersten Reise einen freundlichen Empfang und befragt sie über Europa, seine Herrscher, den Papst und die Kirche, bevor er sie 1267 mit einer Botschaft an Papst Clemens IV. nach Italien zurückkehren lässt.

Seite 112–113: Das Schiff Marco Polos. Kupferstich aus Cordier: *The Book of Ser Marco Polo*. Um 1292 bricht Marco Polo mit 14 Schiffen, einer Eskorte aus 500 Mann und der Tochter des Khans zu einer gefährlichen, zwei Jahre dauernden Seereise auf, die über Sumatra nach Hormus führt und bei der fast alle seine Reisegefährten ums Leben kommen.

Stadt, und groß, doch einst noch weit größer“) und schließlich nach Badakhschan, oder ist dies eine Route, die ihnen andere Händler geschildert haben? Eines scheint sicher: In Badakhschan müssen sie ein Jahr pausieren, denn Marco ist ernstlich erkrankt. Nach seiner Genesung führt sie der Weg über den Pamir, und sie erreichen Kaschgar am westlichen Rand der Taklmakan-Wüste. Marco Polo schreibt: „Sie [die Einwohner von Kaschgar] leben von der Kunst und vom Handel. Sie haben sehr schöne Gärten und Reben und feine Besitztümer. [...] In dieser Gegend leben nestorianische Christen, die ihre eigenen Kirchen haben.“ Die Polos entscheiden sich für die südliche Umgehung der Taklamakan-Wüste, im Gegensatz zur ersten Reise der beiden Brüder. Stationen sind Yarkand, Hotan, Pem, Charchan und Charklik. An allem interessiert, achtet Marco genau auf jegliche Besonderheiten. In Yarkand stellt er fest, dass viele Einwohner einen Kropf haben, was er auf die schlechte Wasserqualität zurückführt. Und in der Provinz Pem „gibt es Flüsse, in denen man reichlich Jaspis und Chalcedon findet“. Auch wundert er sich: „Wenn eine Frau einen Ehemann hat und dieser zu einer Reise aufbricht, die länger als 20 Tage dauert, so wird sie sich neu vermählen, sobald diese Frist abgelaufen ist; der Mann tut es ihr gleich und heiratet, wen er will.“ Marco Polo liefert eine ausführliche Beschreibung der Wüste Gobi, die von den drei Männern allerdings nur gestreift wird: „Man sagt, diese Wüste sei so lang, dass man ein Jahr braucht, um sie vom Anfang bis zum Ende zu durchqueren; und für den schmalsten Teil benötigt man einen Monat.“ Ungeachtet der in der Wüste Gobi lauernden Gefahren deutet seine Schilderung darauf hin, dass eine Durchquerung möglich und vor allem sicher ist, seit die Mongolen ihre Herrschaft auf China ausgeweitet haben. Nachdem sie den südwestlichen Rand der

Links: Die Wüste Gobi in Zentralasien, ein mehr als 1,3 Millionen Quadratkilometer großes und 800–1200 Meter hohes Plateau, ist im Sommer sengend heiß und im Winter eiskalt.

Wüste Gobi passiert haben, treffen Marco, Niccolò und Maffeo in der Oasenstadt Dunhuang ein, wo sie ein ganzes Jahr bleiben. Marco unternimmt währenddessen manche Exkursionen und besucht dabei auch die Schneiderwerkstätten von Karakhodja (Turfan), wo man Kleidung aus Asbest herstellt – eine aus China mitgebrachte Warenprobe schenken die Polos später dem Papst.

Der Großkhan hat zwischenzeitlich vom Kommen der Venezianer erfahren und ihnen eine Eskorte entgegengesandt. Im Mai 1275 treffen die Venezianer endlich in Shangdu ein – dem Xanadu des romantischen Dichters Coleridge und der neuen Sommerresidenz des Kubilai Khan (Winterhauptstadt war Khanbalik, das spätere Beijing). In den dreieinhalb Jahren, die seit ihrer Abreise aus Venedig vergangen sind, haben sie rund 9000 Kilometer zurückgelegt.

Im Dienste des Khans

Die erste Begegnung mit dem Großkhan wird von Marco ausführlich geschildert: „Sie machten einen Kniefall vor ihm [...]. Sie verweilten am Hofe und nahmen inmitten der anderen Adeligen einen Ehrenplatz ein." Mit seinem gewinnenden Wesen und seiner Gewandtheit in mindestens vier mongolischen Sprachen oder Dialekten, die er sich unterwegs angeeignet hat, wird Marco Polo rasch zum Günstling des Großkhans. Dieser zögert nicht, ihm wichtige höfische Posten zu übertragen und ihn mit besonderen Aufgaben zu betrauen, die ihn bis nach Burma, Annam und Indien führen. So gelangt Marco in Gegenden, die die Europäer teilweise erst Jahrhunderte später wiederentdecken werden. In seiner Schilderung wird er nicht müde, den Hof des Kubilai zu beschreiben, die Zeremonien, die großen Jagdpartien und die neue Hauptstadt Khanbalik („Stadt des Khans"), das spätere Beijing. Sie war gegründet worden, da Astrologen einen Aufstand in der alten Hauptstadt vorausgesagt hatten; Marco hält Khanbalik für die prächtigste Stadt der ganzen Welt.

In seinem Bericht geht Marco auch ausführlich auf für ihn neue Dinge ein, z. B. Asbest, Kohle, Papiergeld und die kaiserliche Post. Er wundert sich über

Links: Großkhan Kubilai mit einer Tischgesellschaft aus drei Prinzen und ihren Gemahlinnen. Man beachte die sehr „westliche" Darstellung dieser Szene, die sich angeblich in China abspielen soll (Illustration nach *Die Wunder der Welt* von Marco Polo).

Seite 118–119: Der Kubilai Khan überwacht, wie Beamte einen Händler mit Geldscheinen bezahlen. Dies ist eine der ersten westlichen Darstellungen des Papiergelds. Gewonnen wird es aus der Rinde des Maulbeerbaums, die man schwarz einfärbt und in verschiedene Formate zuschneidet (Illustration nach *Die Wunder der Welt* von Marco Polo).

einen „Stein", der wie Holz brennt. Steinkohle ist damals in Europa, vor allem in Nordeuropa, gewiss nicht völlig unbekannt, so aber doch für jemanden, der aus dem Mittelmeerraum stammt. Als Händler sind es die Polos gewohnt, mit klingender Münze umzugehen, doch das Zahlungsmittel Papier anstelle von Gold und Silber muss ihnen einfach merkwürdig erscheinen, zumal das System offenbar gut funktioniert. Überdies zeigt sich Marco sehr beeindruckt von dem effizienten Kommunikationsnetz innerhalb des mongolischen Reiches und vor allem von der kaiserlichen Post mit ihren drei „Versandarten": Im Normalfall werden die Nachrichten von Staffelläufern befördert, die sich alle fünf Kilometer abwechseln. Jeder Läufer trägt einen Gürtel mit Glöckchen, die den nächsten Kurier alarmieren, sich auf dem Weg bereitzuhalten, um die Nachricht ohne Verzug weiterzubefördern. Auf diese Weise lässt sich täglich eine Strecke zurücklegen, für die ein einzelner Bote zehn Tage benötigt hätte. In jeder Poststation werden Ankunft und Aufbruch der Läufer protokolliert. Wege und Läufer werden von kaiserlichen Inspektoren regelmäßig überwacht. Eiligere Post befördert man indes zu Pferde, die alle 40 Kilometer gewechselt werden. Bei ganz wichtigen Sendungen erhält der Reiter eine mit dem kaiserlichen Siegel versehene Weisungstafel. Wenn die nächste Poststation in Sicht ist, bläst der Reiter in sein Horn, damit man ihm ein frisches Pferd sattelt und keine Zeit verloren geht.

Einfach alles an China interessiert und verblüfft Marco Polo, vor allem aber die Macht dieses Landes, seine immensen Reichtümer und die komplexe Struktur seiner Gesellschaft. Unter der mongolischen Yuan-Dynastie bildet China in der Tat ein gewaltiges Reich, dessen Binnenwirtschaft viel weiter entwickelt ist als die des damaligen Europa. Sofern man dem Venezianer glauben darf, erzeugen die chinesischen Eisenhütten jährlich rund 125 000 Tonnen Eisen – eine Menge, die Europa erst im 18. Jahrhundert erreichen wird. Und allein in einer chinesischen Provinz gewinnt man das gewaltige Quantum von 30 000 Tonnen Salz! Positiv für den Ausbau von Wirtschaft und Handel ist der Umstand, dass die meisten Großstädte und Märkte

Oben: Ernte von Schwarzem Pfeffer an der Malabar-Küste (Indien). Der Pfefferstrauch ist eine Kletterpflanze, die in den Wäldern Indiens und Asiens vorkommt. Die Pflanzen mit der besten Qualität stammen aus Malabar. Pfeffer war einst derart wertvoll, dass seine Früchte (die Pfefferkörner) oftmals als Wechselgeld dienten (Illustration nach *Die Wunder der Welt* von Marco Polo).

durch Flüsse miteinander verbunden sind, und weiterhin die Existenz eines Geld- und Kreditwesens.

Der Kubilai Khan nimmt Marco Polo 1277 in den Kreis seiner engsten Berater auf. Drei Jahre lang hat Marco den Posten des Steuerinspektors in Yangzhou inne. Er besucht auch Karakorum und Sibirien und begibt sich häufiger nach Hangzhou. Die einstige Hauptstadt der Song-Dynastie schätzt er ganz besonders, weil sie ihn mit ihren vielen Seen und Kanälen an Venedig erinnert. Vater und Onkel beteiligen sich unterdessen an einem mongolischen Angriff auf die Stadt Sanianfou (Hsiang-yang fou). Hierzu sollen sie diverse Apparaturen wie Katapulte entworfen und gebaut haben, was ihnen die Bewunderung der Chinesen einbringt.

Rückkehr nach Venedig

Während ihres siebzehnjährigen Aufenthalts am Hof des Kubilai Khan häufen Marco, Niccolò und Maffeo ein großes Vermögen in Form von Schmuck und Gold an. Im Lauf der Jahre werden sie jedoch immer besorgter, denn sie fürchten, dass ein künftiger Nachfolger des Kubilai Khan ihnen verbieten könnte, mit ihren Reichtümern nach Venedig zurückzukehren. Kubilai mag sich indes nicht von ihnen trennen. Schließlich bietet sich ihnen doch eine Gelegenheit zur Rückkehr. Botschafter aus Persien bitten Kubilai im Namen ihres Herrschers Arghun Khan, eines Großneffen Kubilais, um die Hand seiner Tochter Kokachin. Dabei bekunden sie den Wunsch, in Begleitung der drei Venezianer auf dem Seeweg nach Persien zurückzureisen. Kubilai gibt dem schließlich nach, wenn auch widerwillig. Marco Polo lässt sich nicht sehr detailliert über die Rückreise aus, die mit 14 Schiffen und 500 Mann unternommen wird. Bekannt ist nur, dass die Reise über Sumatra und den Indischen Ozean nach Hormus führt, zwei Jahre dauert und die meisten Reisegefährten der Venezianer das Leben kostet. Wie aber kamen sie um? Marco Polo gibt sich diesbezüglich merkwürdig schweigsam. Manche Historiker nehmen Skorbut, Cholera oder Ertrinken als Todesursachen an, während andere die Verluste auf Angriffe durch Piraten oder feindselige Einheimische zurückführen.

Oben: Ankunft der Gebrüder Polo in einer kilikischen Karawanserei. Man beachte einige interessante Details des Alltagslebens wie den Maurer mit seiner gewundenen Holzrampe, den Zimmermann beim Zurichten eines Balkens oder die frei umherlaufenden Haustiere.

In Hormus muss Marco Polo erfahren, dass Arghun bereits seit zwei Jahren tot ist. Daher trifft man Vorbereitungen, Prinzessin Kokachin mit seinem Sohn Ghazan Khan zu vermählen. In Persien ereilt die Polos auch die Kunde vom Tod des Kubilai Khan. Die Reisenden stehen indes weiterhin unter seinem Schutz und zeigen die goldene Weisungstafel vor, die

Seite 122–123: Ankunft einer exotischen Fracht in Hormus – Illustration nach *Die Wunder der Welt* von Marco Polo.

es ihnen gestattet, Pferde, Vorräte und Hilfe nach Belieben in Anspruch zu nehmen.

Schließlich erreichen die drei Männer Trapezunt am Schwarzen Meer und von dort aus auf dem Seeweg Konstantinopel und Venedig, wo sie im Winter 1295 eintreffen.

Die Wunder der Welt – eine Geschichte mit Folgen

In der Stadt des heiligen Markus ist die Überraschung über die Heimkehr groß, denn da man mehr als 20 Jahre nichts von den Polos gehört hatte, glaubte man, sie seien seit Langem tot, und hat das Erbe bereits aufgeteilt. Die Venezianer reagieren auf die Schilderungen Marco Polos mit Verwunderung, Unglauben und einer leichten Gereiztheit, da er nicht müde wird, die Reichtümer des Großkhans zu preisen. Bald geben sie ihm den Spitznamen „Messer Milione“, „Aufschneider“, denn viele glauben ihm kein einziges Wort; womöglich geht dieser Name aber auch einfach auf einen von Marco Polo erworbenen Palast zurück, den Corte de Milione, der einst im Besitz einer Familie Milioni gewesen sein soll.

Drei Jahre darauf sticht Marco erneut in See, diesmal jedoch als Kommandant einer Galeere, um für die Republik Venedig gegen den Erzrivalen Genua zu kämpfen. Während der Seeschlacht von Corzula (Dalmatien) fällt Marco den Feinden in die Hände und landet in einem genuesischen Kerker. Immer wieder von den Genuesen nach seinen Reisen ausgefragt, schreibt er seinem Vater schließlich, dieser möge ihm seine sämtlichen Reisenotizen schicken, damit er einen Bericht über seine Abenteuer verfassen könne. Der Zufall will es, dass Marco in der gleichen Zelle sitzt wie ein gewisser Rustichello da Pisa, ein damals recht bekannter Autor höfischer Romane und vor allem ein erfolgreicher Herausgeber von Geschichten aus der Artussage. Marcos Talent liegt womöglich eher im Kaufmännischen als im Schreiben, jedenfalls will er von der literarischen Aura profitieren, die Rustichello umgibt. Daher schildert er seinem Zellengenossen, was er erlebt hat, und dieser

ergänzt das Aufgeschriebene mit den inzwischen von Niccolò Polo gesandten Notizen. Im Sommer 1299 schließen Venedig und Genua einen Friedensvertrag, und Marco darf nach einjähriger Haft in seine Heimat zurückkehren. Er heiratet Donata Badoer, die ihm drei Töchter schenkt, und lebt eher zurückgezogen bis zu seinem Tod im Jahr 1324. Als man ihm auf dem Totenbett die letzte Ölung gibt und ihn bittet, sich von den „Lügengeschichten" loszusagen, erklärt Marco Polo: „Ich habe nur die Hälfte dessen erwähnt, was ich tatsächlich gesehen habe!" Er hinterlässt Frau und Kindern ein kleines Vermögen. Anhand seines Testaments und einer Liste der Besitztümer weiß man, dass er noch zahlreiche chinesische Kleidungsstücke besaß, außerdem seidene und golddurchwirkte Tuche und Teppiche ähnlich denen, die er in seinem Buch beschreibt, und kostbare Objekte wie die berühmte goldene Tafel, die ihm der Großkhan bei seiner Abreise überreicht hatte.

Marco Polo hatte das große Glück, dass ihm das Talent eines Schriftstellers dabei half, seine Heldentaten kundzutun. Kaum wieder auf freiem Fuß, veröffentlicht Rustichello unter dem französischen Titel *La description du monde (Die Beschreibung der Welt)* die Berichte Marco Polos, die auch unter dem Titel *Le livre des merveilles du monde ou les voyages de Marco Polo (Die Wunder der Welt. Die Reise nach China an den Hof des Kubilai Khan)* Verbreitung findet. Die Beschreibung der Reichtümer des fernen Cathay (China), des mächtigen Reiches der Mongolen und der exotischen Kulturen Asiens und Indiens machen das Buch schon sehr bald zu einem echten „Bestseller" – obwohl der Buchdruck in Europa ja noch gar nicht existiert und mühsam Abschriften angefertigt werden müssen. Handschriftliche Kopien von *Die Beschreibung der Welt* waren nach seinem Tod binnen weniger Jahrzehnte zu Hunderten im Umlauf. In der Folgezeit sollten seine Schilderungen Millionen von Lesern fesseln. Bis heute sind rund 150 Manuskriptausgaben in mehreren europäischen Sprachen erhalten. Das Buch gilt als wichtigste Informationsquelle über die außereuropäische Welt im ausgehenden Mittelalter.

Marco Polo präsentiert sich in seinem Werk gleich in mehrfacher Hinsicht als Kind seiner Zeit: Er urteilt wie ein Europäer, ist jedoch auch neugierig, tolerant und in der Lage, sogar völlig andersartige Kulturen zu verstehen. Zugleich erweist er sich als leichtgläubig und stark von der mittelalterlichen Fantasiewelt mit ihren Fabeltieren und legendären Völkern beeinflusst. Doch sein Buch ist vor allem ein Handbuch für Kaufleute – eines von zahlreichen anderen in dieser Zeit. Der Historiker Michel Mollat konstatiert zu Recht, dass „fast die Hälfte von *Die Beschreibung der Welt* Entfernungen zwischen den Städten in Tagen und Meilen angibt, praktische Reisetipps enthält, Handelswaren aufzählt sowie Maße und Gewichte, Preise, Zahlungsarten, Münzen und Geldnoten benennt". Dessen ungeachtet verleitet Marco Polos fantastischer Reisebericht ganz Europa zum Träumen und bleibt über Jahrhunderte hinweg die einzige Schrift über das ferne Asien – zugegebenermaßen

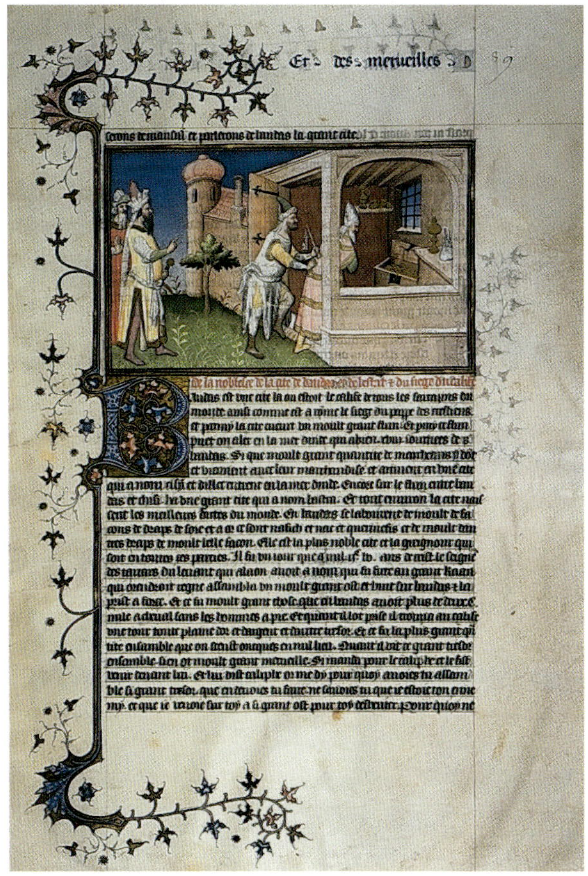

Oben: Gegen seinen Vetter Barka Khan Krieg führend, veranlasst Hulagu Khan die Gefangennahme des Kalifen von Bagdad. Hulagu stellte Marco, Niccolò und Maffeo eine Eskorte, damit sie den Hof Kubilai Khans sicher erreichten. (Illustration nach *Die Wunder der Welt* von Marco Polo).

Seite 126: Marco Polo verabschiedet sich von Balduin II., Kaiser von Byzanz. Für ihre zu dritt angetretene Reise hatten die Venezianer beschlossen, nur einzelne Abschnitte der von Niccolò und Maffeo zehn Jahre zuvor begangenen Route zu benutzen. (Illustration nach *Die Wunder der Welt* von Marco Polo).

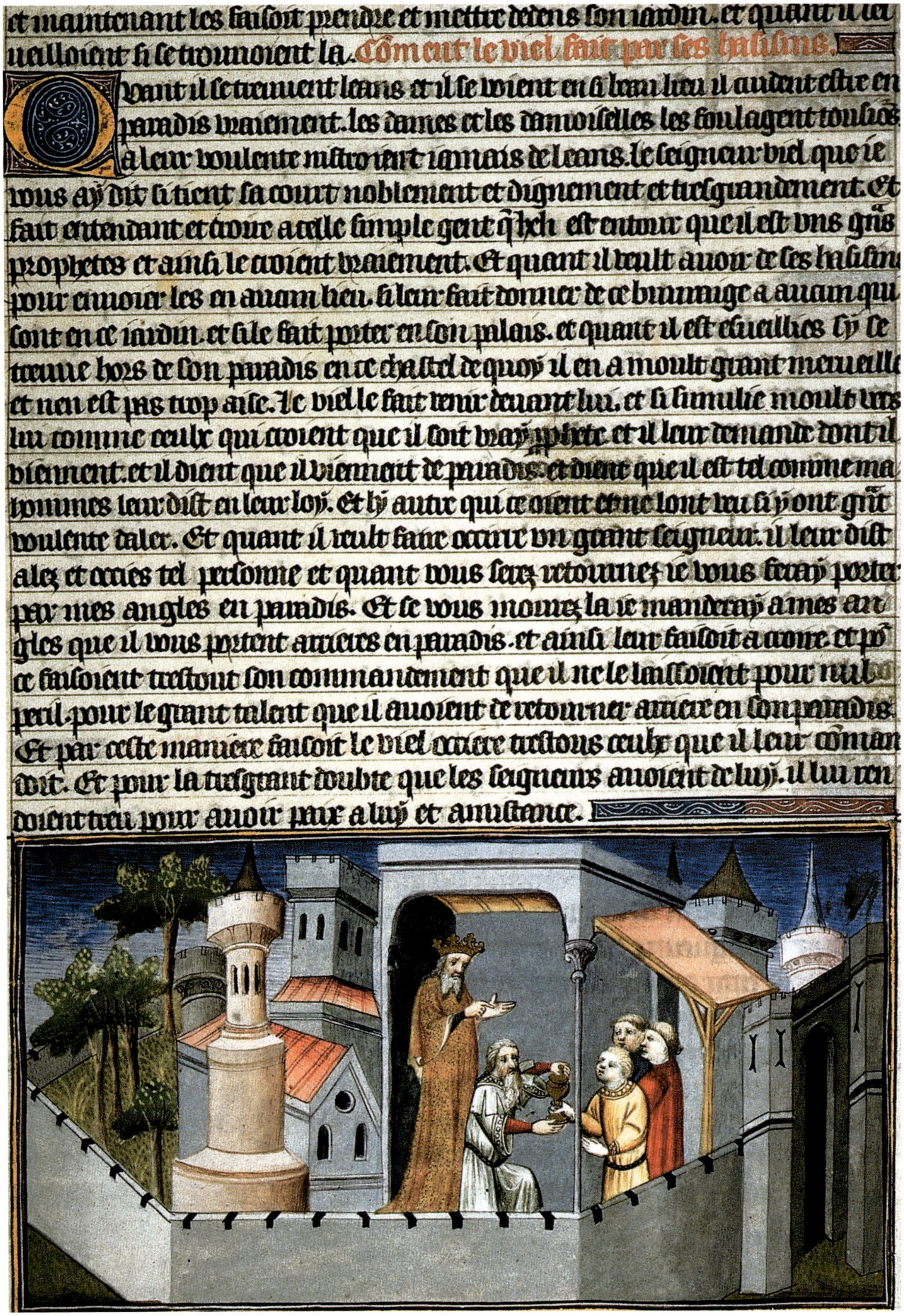
et maintenant les faisoit prendre et mettre dedens son iardin. et quant il se
reveilloient si se trouvoient la. Comment le viel fait par ses hassisins.
Quant il se treuvent leans et il se voient en si beau lieu il cuident estre en
paradis vraiement. les dames et les damoiselles les soulagent tousiours
a leur voulente ni s'en istroient iamais de leans. le seigneur viel que ie
vous ay dit si tient sa court noblement et dignement et tresgrandement. Et
fait entendant et croire a celle simple gent q̄ Ich est entour que il est uns grans
prophetes et ainsi le croient vraiement. Et quant il veult avoir de ses hassisins
pour envoier les en aucun lieu. si leur fait donner de ce bruvage a aucun qui
sont en ce iardin. et si le fait porter en son palais. et quant il est esveilliez si se
treuve hors de son paradis en ce chastel de quoy il en a moult grant merveille
et n'en est pas trop aise. Le viel le fait venir devant lui. et si s'umilie moult vers
lui comme ceulx qui croient que il soit vray prophete et il leur demande dont il
viennent. et il dient que il viennent de paradis. et dient que il est tel comme ma
hommes leur dist en leur loy. Et ly autre qui ce oient et ne sont leu si y ont grant
voulente d'aler. Et quant il veult faire occire un grant seigneur. il leur dist
alez et occies tel personne et quant vous serez retournez ie vous feray porter
par mes angles en paradis. Et se vous mourez la ie manderay a mes an
gles que il vous portent arriere en paradis. et ainsi leur faisoit a croire. et pour
ce faisoient trestout son commandement que il ne le laissoient pour nul
peril. pour le grant talent que il avoient de retourner arriere en son paradis.
Et par ceste maniere faisoit le viel occire trestous ceulx que il leur coman
doit. Et pour la tresgrant doubte que les seigneurs avoient de luy. il lui ren
doient treu pour avoir paix a luy et amistance.

Oben: In *Die Wunder der Welt* vermengt Marco Polo Reiseerinnerungen mit biblischen Inhalten, wie hier mit den Heiligen Drei Königen in Persien bei der Anbetung des heiligen Feuers.

mitsamt manchen Fragwürdigkeiten. Vor allem aber ist es diesem Buch zu verdanken, dass so mancher Leser seine wahre Berufung entdeckt, denn weitere italienische Kaufleute folgen der beschriebenen Route und lassen sich in Beijing nieder.

Schon zu Lebzeiten und noch Jahrhunderte nach seinem Tod fanden sich zahlreiche Kritiker des venezianischen Reisenden, die den Wahrheitsgehalt seines Berichts in Frage stellten. Viele seiner Geschichten gelten in der Tat als Ammenmärchen, so etwa das „merkwürdige Öl" von Baku oder jene monströsen Vögel, die Elefanten in ihren Fängen fortschleppen, um sie dann in den Tod fallen zu lassen und sich auf ihre verrenkten Kadaver zu stürzen. Auch wird kritisch gefragt, warum Marco Polo, wenn er denn weite Teile des Reiches der Mitte bereist hat, an keiner Stelle die Chinesische Mauer erwähnt und nichts davon schreibt, dass er sich die chinesische Sprache oder Schrift angeeignet hätte. Merkwürdig ist auch, dass die drei Venezianer in der chinesischen Reichschronik nicht einmal auftauchen, wohl aber weit weni-

Seite 128: Alaodin, der „Alte vom Berge", lässt drei ausgewählten jungen Assassinen einen Trank verabreichen, der ihnen die Furcht vor ihrem blutigen Auftrag nehmen soll. (Illustration nach *Die Wunder der Welt* von Marco Polo).

ger illustre ausländische Besucher. Dies hat mehrere Historiker veranlasst, die Frage aufzuwerfen, ob Marco Polo denn überhaupt in China war.

Historiker neigen heute zu der Ansicht, Marco Polo sei nicht selbst in China gewesen, sondern habe Informationen von Kaufleuten oder Botschaftern aufgegriffen, denen er auf seinen Reisen begegnet sei. *Die Beschreibung der Welt* stößt heute bei chinesischen Historikern aufgrund der enthaltenen Informationen über die chinesische Kultur des 13. Jahrhunderts und markante Ereignisse der Landesgeschichte auf großes Interesse. Egal, ob Marco Polo seine Abenteuer persönlich erlebt hat oder nicht: Sein Verdienst ist es, die Neugier Europas auf die asiatische Kultur geweckt zu haben.

Das Schlusswort soll indes Marco Polo gehören: „Nie hat ein Mensch, sei er Christ, Sarazene, Tatar oder Heide, solche gewaltigen Lande besucht wie Messire Marco, Sohn von Messire Niccolò Polo, Edler und Großbürger der Stadt Venedig. Deo Gratias. Amen."

Oben: Zwei Inseln im Indischen Ozean – die Insel der Frauen, die sich um die Kinder kümmern, und die Insel der Männer, die Handel treiben. (Illustration aus *Die Wunder der Welt* von Marco Polo).
Seite 131: Steinerne Brücke über dem chinesischen Fluss Yonging-He. (Illustration nach *Die Wunder der Welt* von Marco Polo).

Et des merveilles.

Cy commence de la province de catay et du flun de pulisangin.

Or sachiez que le seigneur manda le dit messire marc pol que
ce raconte par son messaige en la partie de ponent. Et se parti
de cambaluc et sen ala bien trois mois de iournees par ponent.
Et pour ce vous compteray tout ce que il vit en ceste voye
alant et tournoiant. Quant len se part de la cite de cambaluc
et len a chevauchie .x. mille. si treuve len un moult grant
flun qui est appellez pulisanguins. le quel flun vait a la mer occeane. en quoy
vait plusieurs marchans avec leur marchandises. Dessus ce flun si a moult
beaux ponts de pierre. car sachiez pou en y a de si beaux. et est si fait il est bien
lonc .iii^c. pas. et de le bien viii. Car dessus pueent aller de front bien .x. hom
mes a cheval. il ya .xxiiii. arches et .xxiiii. moulins en leaue. et est tous de mar
bre bis. moult beaux et bien fais et bien assis. Et il y a de chascune part par dessus
un mur de tables de marbre bis moult bien fait et bien assis. Il ya au chief v
ne coulombe de marbre. et dessus la coulombe un lyon de marbre. si que la cou
lombe est dessus les rains au lion. et par dessus ceste coulombe si a un autre lyon
de marbre. lesquelz lions sont moult grans et beaux et bien entailliez soubtil
ment. Et loins de celle coulombe et dessus les rains au lyon longs un pas si a une
autre coulombe avec deux autres lyons ainsi faitte ne plus ne moins comme
la premiere. et de lune coulombe a lautre si est clos de tables de marbre bis. a ce
que les gens ne cheent en leaue. Et ainsi va de lonc en lonc dune part et dautre
par quoy cest une moult belle chose a veoir. Or vous avons compte de ce beau
pont. si vous dirons dautres nouvelles choses.

AUSZÜGE AUS *DIE WUNDER DER WELT* VON MARCO POLO

Die Wüste Gobi

„Hier [in Lop] machen Reisende, die die Große Wüste durchqueren wollen, eine Woche Rast, um sich und ihre Tiere wiederherzustellen. Danach verlassen sie die Stadt und betreten die Wüste, dabei sie alles an Nahrung mitführen, deren jeder Mann und jedes Tier für einen Monat bedarf. [...] Trinkwasser findet man nur an einzelnen Stellen, die einen ganzen Tag- und Nachtritt voneinander entfernt sind; dieser Wasserstellen sind vielleicht achtundzwanzig an der Zahl [...]. Man findet dort weder Vögel noch andere Tiere und auch nichts Essbares. Nun aber muss ich Euch etwas sagen, das ans Wundersame grenzt. Wenn man des Nachts durch die Wüste reist, kann es nämlich geschehen, dass ein Mitglied der Karawane zurückbleibt, sei es durch Schlaf oder eine andere Ursache. Wenn er dann die anderen einholen will, so vernimmt er die Stimmen der Geister. Sie sprechen zu ihm gleich seinen Gefährten und rufen ihn bisweilen gar beim Namen. Schon mancher Reisende hat sich von den Stimmen täuschen und in die Irre führen lassen; und viele sind auf diese Weise umgekommen und auf Nimmerwiedersehen verschwunden."

Oben: Wüste Gobi (Mongolei).
Unten: Altai-Gebirge mit den Ausläufern der Wüste Gobi.

Der Palast des Kubilai Khan in Khanbalik

„Dies ist der größte, der je gewesen [...]. Er besitzt kein Obergeschoss, doch das Erdgeschoss ist zehn Fäuste über der Erde und sein Dach erreicht eine Höhe, die man sich nicht vorstellen kann. Von der Schwelle aus erhebt sich eine marmorne Mauer, die alles umsäumt und zwei Schritt mächtig ist. Weil der Palast inmitten dieser Mauer steht, bildet sie eine Art kreisförmigen Vorhof, der einen vollständigen Rundgang gestattet und dem Spaziergänger die Möglichkeit bietet, von dieser hohen Terrasse aus seinen Blick nach draußen schweifen zu lassen. Nach außen hin wird sie von einem schönen Aussichtsbalkon mit Säulenwerk gesäumt.

Oben: Illustration nach *Die Wunder der Welt* von Marco Polo. Der Westen verdankte sein Wissen über China lange Zeit allein diesem Werk, das noch vor Erfindung des Buchdrucks zum „Bestseller" wurde.

An jeder Seite des Palasts befindet sich eine große Marmortreppe, die bis in Mauerhöhe führt und auch Zugang zum Palast selbst bietet. In dessen Innerem sind die Wände der Vorhallen und Säle allesamt mit Gold und Silber ausgekleidet; vor diesem glänzenden Hintergrund heben sich schöne Gemälde ab, auf denen Damen, Ritter, Drachen, Vögel und noch andere Tiere und Dinge dargestellt sind. Auch die Decke ist so ausgeführt, dass man nichts davon sieht außer Gold und verzierende Malereien. Die große Vorhalle ist so geräumig, dass 6000 Personen dort ohne Weiteres schmausen könnten. Kammern gibt es unzählige. Dieser Palast ist so schön und von einer solchen Größe, dass niemand auf Erden ihn hätte vollkommener entwerfen und ausführen können. Das gefirnisste Dach trägt Zinnoberrot, Grün, Blau, Gelb und alle anderen Farben und ist so schön und adrett, dass es kristallen glitzert und schon aus großer Entfernung erstrahlt."

Papiergeld

„Der Großkhan lässt auf folgende Weise ein Geld fertigen: Man nimmt die Rinde von Bäumen – dies sind die Maulbeerbäume; ihre Blätter werden von jenen Raupen verspeist, die die Seide herstellen. Es gibt davon so viele, dass alle Landstriche voll von diesen Bäumen sind. Nun entnimmt man die dünne Hautschicht, die sich zwischen Rinde und Stamm befindet; sie ist weiß. Diese Haut färbt man schwarz. Das fertige Blatt schneidet man in verschiedene Größen. [...] Und all diese Stücke tragen das Siegel des Großen Herrschers."

Kohle

„Fürwahr gibt es in der gesamten Provinz Cathay eine Art schwarzer Steine, die man aus den Bergen wie aus Adern gewinnt und die gleich Holzscheiten brennen. Und sie brennen besser als Scheite. Denn wenn Ihr sie nachts ins Feuer legt, wird das Feuer am Morgen noch brennen; sie sind so gut, dass man überall in der Provinz nichts anderes verbrennt. Dabei besitzen sie gewiss genügend Scheite, doch sie verbrennen sie nicht, weil die Steine besser taugen und weniger kosten als Holz."

Marco Polo, *Die Wunder der Welt*

Links: Die vier Frauen des Kubilai Khan mit ihren Kindern im Palast. (Illustration nach *Die Wunder der Welt* von Marco Polo).

Die Seide in Europa. Vom Spätmittelalter bis ins 20. Jahrhundert

Unter Marco Polos Nachfolgern verdient ein chinesischer nestorianischer Mönch aus dem 13. Jahrhundert besondere Erwähnung: Rabban Bar Sauma, der vom Il-Khan Arghun, dem Schwiegersohn Kubilai Khans, zum Papst und an die europäischen Herrscherhöfe gesandt wurde, um mit ihnen über ein Bündnis gegen die ägyptischen Mamelucken zu verhandeln.

Nach Marco Polo

Rabban Bar Sauma verlässt 1287 Persien und setzt nach einer großen Wallfahrt nach Jerusalem, auf der er den Iran, Syrien und Palästina durchquert, als Botschafter des Il-Khans seine Reise nach Europa fort. Der auf Persisch verfasste und nachträglich ins Syrische und Französische übersetzte Bericht über diese Gesandtschaft spiegelt nicht nur die Neugier dieses Mannes, sondern auch sein Staunen über die abendländische Zivilisation, deren Bräuche, Städte und politische Herrschaftsformen wider. Als er vor der Küste der Äolischen Inseln segelt, wird er Zeuge des Ausbruchs des Vulkans Stromboli; in Neapel wohnt er einer Seeschlacht bei; in Rom wird er von der päpstlichen Kurie empfangen – der Papst Honorius IV. ist gerade verstorben – und fordert im Namen seines Herrn eine Stärkung der Beziehungen zwischen dem mongolischen Reich und dem Abendland. Als er in Genua landet, informiert er sich über die Regierungsform dieser Stadt. Anschließend erreicht er Paris, begegnet Philipp dem Schönen, besichtigt die Kirchen Saint-Denis, Sainte-Chapelle und ist von der großen Anzahl der Studenten an der Sorbonne und der Vielfalt der unterrichteten Fächer begeistert; danach geht er ins Guyenne, damals englisches Herrschaftsgebiet. In Bordeaux wird er Eduard I. vorgestellt. 1288 kehrt er zur Wahl des Papstes Nikolaus IV. nach Rom zurück und erreicht Ende des Jahres 1288 schließlich wieder Bagdad.

Nach Rabban Bar Sauma gibt es einen weiteren religiösen Botschafter, der Asien bereist: Johannes de

Seiten 134–135: Das Kloster Sankt Andreas in Genua. Während der Seeschlacht von Corzula an der dalmatischen Küste, bei der sich die genuesische und die venezianische Flotte gegenüberstanden, wurde Marco Polo gefangen genommen und nach Genua gebracht, wo man ihn zusammen mit Rustichello da Pisa einkerkerte. Rustichello hilft Marco Polo bei der Abfassung seines Reiseberichts.
Links: Der Himmelstempel in Beijing.

Monte Corvino. Nach einem etwa zehnjährigen Aufenthalt im Nahen Osten kehrt Johannes de Monte Corvino nach Europa zurück, um dem Papst von den günstigen Aussichten auf die Bekehrung Arghun Khans zum Christentums zu berichten. So entsendet ihn der Papst mit Sendschreiben für Arghun Khan und Kubilai Khan. Doch diesmal entscheidet sich Johannes de Monte Corvino für den Seeweg. Über den Nahen Osten erreicht er 1291 Tabriz, danach Hormus, und schifft sich nach der Malabarküste ein. Bis 1305 verliert sich Johannes' Spur. Aus diesem Jahr hat sich ein von ihm geschriebener Brief erhalten, der seine Reise als Missionar nach China und die Gründung von Kirchen in der Nähe von Beijing beschreibt. Johannes gründet in China eine christliche Gemeinde und kehrt nie wieder nach Europa zurück. Ein weiterer Missionar, der Franziskanermönch Odorich von Portenau, folgt 1307 den Spuren Johannes', und auch er erreicht die Küste Chinas auf dem Seeweg.

Brief in mongolischer Sprache von Arghun Khan an den französischen König Philipp den Schönen (1289)

„Durch die Macht des ewigen Gottes,
durch die Gunst des Khaghans [Kubilai]
Arghun, [ergeht] Unser Wort [an Dich]:
König von Frankreich!
Durch Deinen Oberbotschafter
Mar Bar Sevma Sakhora [nestorianischer Bischof Uiguriens bei den Tataren]
hast Du mir geschrieben:
‚Wenn die Truppen des Il-Khans nach Ägypten vorrücken, werden wir aufbrechen, um uns ihnen anzuschließen.'
Wir heißen diese Deine Botschaft gut und fügen hinzu, dass wir, vertrauend auf Gott, am Ende des letzten Wintermondes des Pantherjahres [1290] aufbrechen werden und dass wir um den fünfzehnten [Tag] des ersten Frühlingsmondes unser Lager vor Damaskus aufschlagen werden. Wenn Du Dein Wort treulich hältst und Truppen zur festgelegten Zeit an den festgelegten Ort entsendest; und wenn wir mit Gottes Beistand Jerusalem einnehmen, werden wir es Dir geben. Wenn aber die Zeit und der Ort des Treffens verfehlt würden und die Truppen vergebens marschierten, wäre das schicklich? Und wenn des Weiteren einer von uns keinen festen Plan hat und nicht im Einvernehmen handelt, welcher Vorteil könnte sich daraus ergeben?
Im Übrigen wäre es gut, wenn Du uns deinerseits durch Botschafter, die verschiedene Sprachen und Mundarten sprechen, Geschenke schicken würdest, die aus seltenen und angenehmen Dingen aus Frankreich bestehen. Die Ausführung aller dieser Dinge hängt von der Macht Gottes und der Gunst des Khaghans ab. Ich teile Dir mit, dass ich Muskaril Kurtschi zu Dir entsende.
Unser Brief ist am sechsten Tag des ersten Sommermondes des Ochsenjahres [1289] in Kundalan geschrieben."

Sindbad der Seefahrer tritt Marco Polos Nachfolge an

Die Seewege wurden bereits lange vor dem 13. Jahrhundert benutzt. Sie sind zwischen dem Nahen und dem Mittleren Osten einerseits und China andererseits für den Transport von Seide und vor allem von Gewürzen seit dem 2. Jahrtausend v. Chr. befahrbar. Aber erst im 7. Jahrhundert n. Chr. werden die Seewege infolge des starken Vordringens der Araber und Omaner in den Indischen Ozean auf Kosten der Landwege immer stärker frequentiert. Dank des Geschicks der Schiffszimmerleute aus Griechenland, Syrien und Persien bauen die Araber eine gewaltige Kriegs- und Handelsflotte auf, und zwar nicht nur im Mittelmeer, sondern auch im Roten Meer, im Persischen Golf und im Indischen Ozean. Während alle arabischen Schiffe schmal, mit dreieckigen Lateinersegeln getakelt und mit Kraweelbeplankung (das heißt mit einem Rumpf aus Kante an Kante zusammengefügten Planken) versehen sind, gibt es jedoch beträchtliche Unterschiede zwischen den arabischen Schiffen, die im Mittelmeer kreuzen, und denjenigen, die im Indischen Ozean segeln. Letztere sind nach persischer oder indischer Art entworfen, wobei die Rumpfplanken von einem Segelfaden aus Palmfaser zusammengehalten werden. Der Faden ist preiswerter, aber auch viel empfindlicher als die Eisennägel, die man bei der griechischen Bauweise verwendet.

Rechts: Detail eines chinesischen Lackwandschirms mit dem Bild eines portugiesischen Schiffes auf dem Weg nach Macao. Seit Beginn des 16. Jahrhunderts nehmen die Portugiesen einen wichtigen Platz im Handel auf dem Indischen Ozean ein und behaupten ihn über ein Jahrhundert lang. Es gelingt ihnen zwar, die Vormachtstellung Venedigs im Gewürzhandel zu verdrängen, nicht aber, auch die Konkurrenz der arabischen Kaufleute auf den gewohnten Handelsrouten des Mittleren Ostens auszuschalten.

Die Landwege der Seide verlieren in zwei Phasen, im 14. und im 15. Jahrhundert, an Bedeutung. Zunächst bricht 1368 die mongolische Yuan-Dynastie zusammen, und die Mongolen werden aus China vertrieben. Das mongolische Reich erfährt zwar unter Timur eine sehr kurze Blütezeit, löst sich aber nach Timurs Tod 1404 auf. Die Landwege der Seidenstraße bestehen fort, doch sie werden nur noch von einheimischen Kaufleuten für kurze Strecken benutzt.

Da die Spannungen zwischen Christen und Muslimen seit den Kreuzzügen vom 11. bis zum 13. Jahrhundert immer mehr zunehmen, kommt der große internationale Handel auf den Seidenstraßen seit dem 14. Jahrhundert zum Erliegen. Da der Islam seinen Einfluss nach Zentralasien ausweitet, gelten die Seewege sehr bald als die einzigen schnellen und einigermaßen sicheren Wege zu den Seidenländern. Zahlreiche Tatsachen bezeugen den Übergang vom Landweg zum Seeweg: 1343 verdoppelt sich der Preis für Seide auf den italienischen Märkten; im gleichen Jahr zieht ein Streit zwischen einem Christen und einem Tataren auf einem Markt auf der Krim derartige Unruhen nach sich, dass zwischen den Bewohnern der Handelsniederlassung in Kaffa (heute Feodossija) und dem Khan von Kiptschak ein Krieg ausbricht. Dieser ließ bei der Erstürmung Kaffas Leichen von Pestkranken über die Schutzwälle in die Stadt werfen, um die Bevölkerung anzustecken. Genuesische Schiffe brachten kurze Zeit später den Schwarzen Tod nach Westeuropa. 1338 werden die Genueser infolge heftiger Tumulte in Tabriz gezwungen, den Handel einzustellen. 1344 beraubt und tötet der Herrscher von Tabriz mehrere genuesische Kaufleute. So wird verständlich, dass die westlichen Kaufleute mehr und mehr davor zurückschrecken, sich auf dem Landweg nach Asien vorzuwagen.

Das zweite Ereignis, das den Handel auf den Landwegen zum Erliegen bringt, ist die Eroberung Konstantinopels durch die Türken im Jahre 1453. Als das byzantinische Reich fällt, haben die Westeuropäer keinen Zugang mehr zum Schwarzen Meer und nach Kleinasien, dem westlichen Endpunkt der Seidenstraße. Fortan können diese Wege nur noch von muslimischen Kaufleuten benutzt werden; für die Westeuropäer ist der Handel ab Mitte des 15. Jahrhunderts stark eingeschränkt, ja fast unmöglich.

Seit dem 16. Jahrhundert, dem Zeitalter der großen „Entdeckungen", verlagert sich das politische und wirtschaftliche Zentrum Europas. Das Zentrum lag bis dahin im Mittelmeerraum und verschiebt sich nun allmählich nach Nord- und Nordwesteuropa: das Europa der atlantischen Küste, das nicht nur zum amerikanischen und afrikanischen Kontinent einträgliche Handelsbeziehungen unterhält, sondern auch zu Asien, nur dass von nun an der Handel mit Asien ausschließlich auf dem Seeweg stattfindet, und zwar durch die Umschiffung Afrikas. Aus diesem Grund verliert die Seidenstraße, das heißt der Land-

Am 29. Mai 1453 fällt Konstantinopel in die Hände der türkischen Truppen unter Mehmet dem Eroberer. Der Fall Konstantinopels markiert den Untergang des einst so mächtigen Byzantinischen Reiches und damit einen Wendepunkt in der Weltgeschichte.

Links: Holzschnitt aus *La Cosmographie Universelle* von André Thevet (Paris 1575), der eine unter gestirntem Himmel segelnde Karavelle darstellt. Die Karavelle, das Schiff der Entdeckungsfahrten, ist durch ein Segelwerk mit dreieckigen Lateinersegeln und z.T. Rahsegel gekennzeichnet. Im Übrigen hat sie verhältnismäßig wenig Tiefgang, was ihr erlaubt, auf Flüssen zu fahren. Im 16. und 17. Jahrhundert wurde die Schifffahrt vielfach mithilfe von Koppelnavigation betrieben.

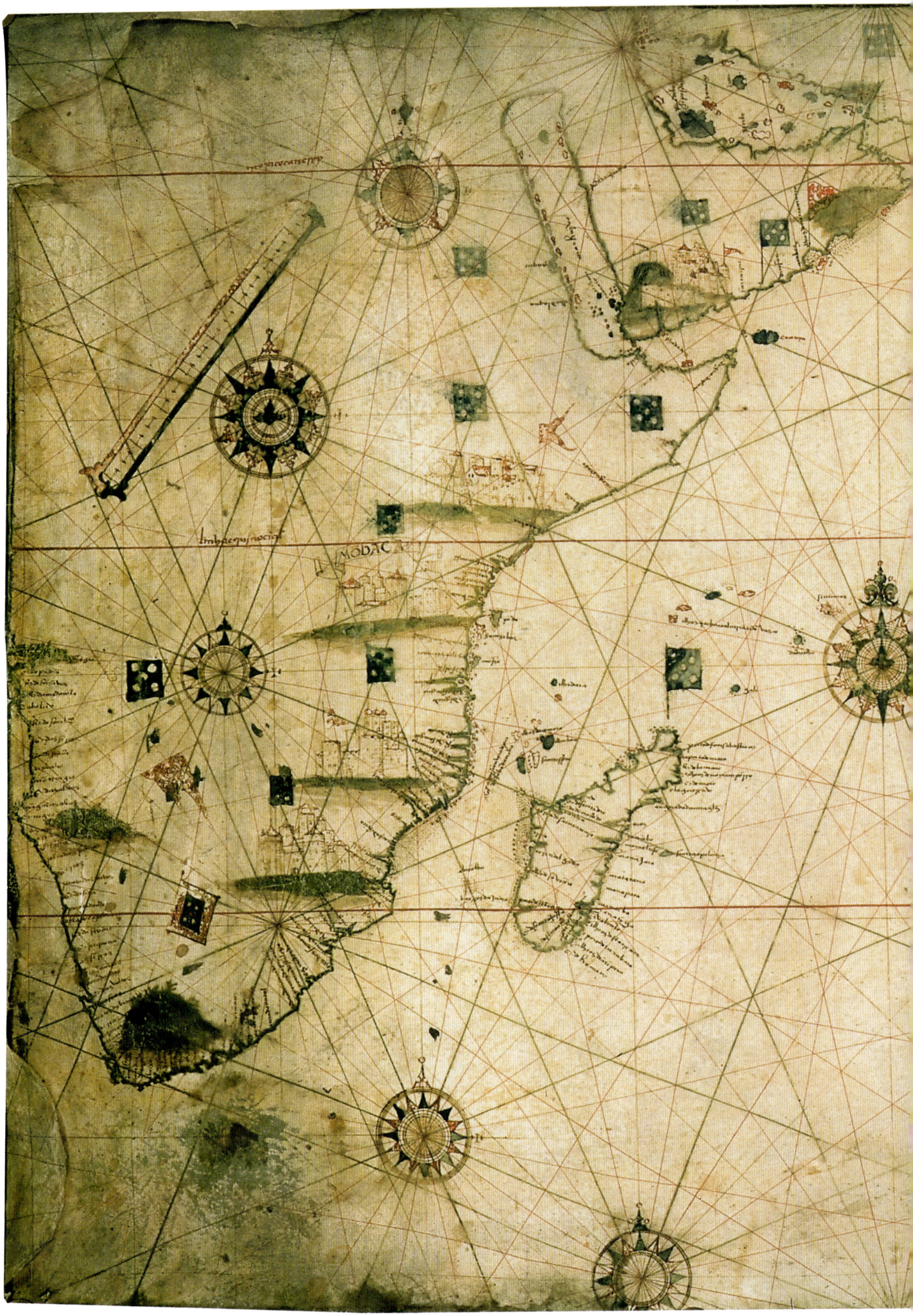

le siege du grant turc auec ij de ses pncipaulx cōseilles
le siege du capiteine gnal de la turquie

Seiten 142–143: Portugiesische Zeichnung, die die Seekarte des Golfs von Bengalen darstellt. Man kann Indien, Burma, Thailand, Malaysia, die Straße von Malakka und Sumatra sehr deutlich erkennen. Diese Art von Karten, die von Seefahrern aus Persien, Arabien und Oman mit viel Geschick erstellt wurden und später nach Europa gelangten, heißen Portolankarten.
Seite 144: Miniatur von 1455 aus der Werkstatt Jean Mielot. Sie stellt das osmanische Heer vor den Toren Konstantinopels dar, vor der Einnahme der Stadt durch die Türken unter Mehmet dem Eroberer, am 29. Mai 1453.

weg, der von China über Zentralasien nach Europa führt, nach und nach an Bedeutung, bis er im 17. Jahrhundert völlig in Vergessenheit gerät. Danach dauert es noch über hundert Jahre, bis die Europäer ihn wiederentdecken.

Das Wagnis einer Umseglung Afrikas gehen nun nicht mehr Italiener, sondern Portugiesen ein, ein weiterer Beweis dafür, dass das Zentrum Europas sich vom Mittelmeer zum Atlantik verlagert. Um sich bei der Versorgung mit Seide, Gewürzen und orientalischen Erzeugnissen weniger von den Muslimen abhängig zu machen und das Monopol der Genuesen und Venezianer im Handel mit dem Orient zu zerschlagen, suchen die Portugiesen nach einem neuen Weg in den Fernen Osten. Sie sind erfahrene Seeleute und verfügen darüber hinaus über die Karavelle, das erste Schiff, das auch gegen den Wind kreuzen kann. Überdies interessiert sich der portugisiesche Herrscher für die Seefahrt : Heinrich, genannt der Seefahrer (1394–1460), beauftragt eine Gruppe von Kartografen und Mathematikern, die Karten der von den Seeleuten erkundeten Küsten gleich nach deren Rückkehr zu zeichnen. Seit 1418 entsendet er Schiffe, um die westlichen Küsten Afrikas immer weiter gen Süden zu erforschen. Diese Erkundung des Seewegs nach Indien um Afrika herum nimmt viel Zeit in Anspruch:

Unten: Heinrich der Seefahrer (1394–1460) soll der Legende nach 1443 eine „Universität" gegründet haben, an die er die besten Seefahrer und Geografen der Zeit berief, um die auf den afrikanischen Expeditionen erworbenen Kenntnisse auszuwerten.

Links: Denkmal zu Ehren Heinrichs des Seefahrers in Lissabon. Heinrich war der dritte Sohn des Königs Johannes I. von Portugal und entsandte seit 1418 Schiffe, um die Westküste Afrikas zu erkunden. Er wollte einen Seeweg finden, auf dem die Portugiesen Asien unter Umgehung der islamischen Länder erreichen konnten.
Seite 147: Astrolabium aus Kupfer, gefertigt von Ahmed ibn Khalaf, Irak, 9. Jahrhundert. Der Seekompass kam in Europa erst im 13. Jahrhundert auf.

Astrolabium von Heinrich Arboreus (1532–1602). Während die Kapitäne Position und Breitengrad mithilfe des Astrolabiums recht einfach ermitteln können, wird die Bestimmung des Längengrads erst im 18. Jahrhundert mit den ersten exakten Borduhren möglich.

Sie hält das ganze 15. Jahrhundert an. 1434 passiert Gil Eanes das Kap Bojador; 1436 erreicht Afonso Baldaia das Gebiet Rio de Oro. Dabei entwickeln die Portugiesen eine Navigationstechnik, die die vorherrschenden Winde nutzt – in diesem Fall den Passat aus Nordost, der einen Südsüdostkurs ermöglicht.

Mit diesen portugiesischen Expeditionen bricht ein neues Zeitalter in der Seefahrt an, denn neben der Segeltechnik ist auch die Himmelskarte völlig neu. Die portugiesischen Seefahrer stellen fest, dass sie „am Horizont neue Sterne aufgehen sehen". Sie verwenden daher Astrolabien, damit sie ihren Standort anhand der Sternkonstellation bestimmen können. Um 1475 wird der Äquator überquert. Südlich des Äquators tritt folgendes Problem auf: Die Seeleute stoßen auf die südöstlichen Passatwinde, die jede Weiterfahrt behindern. Die Portugiesen finden eine Lösung, um die Küsten Afrikas zu erreichen, ohne dem Passat trotzen zu müssen: Sie lassen sich vom nordöstlichen Passat nach achtern treiben, bis das Schiff auf die Südwinde stößt, die es geradewegs nach Afrika führen. 1482 wird die Mündung des Kongo entdeckt, 1484 die Küste Angolas und schließlich segelt Bartolomeu Diaz 1486 am Kap der Guten Hoffnung vorbei und fährt an der mosambikanischen Küste entlang. Die Portugiesen erreichen den Indischen Ozean. Doch nach Asien vorzustoßen, gelingt erst Vasco da Gama am 21. Mai 1498. Europa ist der muslimischen Bedrohung entronnen. Nun gründen die Portugiesen entlang der afrikanischen, indischen und chinesischen Küsten ein Reich von Handelsniederlassungen. 1507 erobert Afonso de Albuquerque Hormus; 1510 fällt Goa den Portugiesen zu, 1511 Malakka; 1515 landen die Portugiesen in China und 1557 gründen sie in Macao, unweit von Kanton, eine Handelsniederlassung, der eine große Zukunft bevorsteht.

Im 16. Jahrhundert ist es also Portugal, das Europa mit verschiedenen orientalischen Erzeugnissen versorgt, unter anderem mit Seide. Doch ab Anfang des 17. Jahrhunderts und vor allem nach dem Dreißigjährigen Krieg gewinnen die Niederländer mit ihrem mächtigen Handelszusammenschluss VOC (Vereenigde Oostindi-

sche Compagnie oder Niederländische Ostindien-Kompanie) die Vormachtstellung im Welthandel. Ab Ende des 17. Jahrhunderts werden die Holländer wiederum von einer neuen Seemacht verdrängt: England, dessen Speerspitze in Asien die East India Company ist.

Aber bereits seit Langem wurde die in Europa benötigte Seide immer seltener über die Seidenstraße befördert. Denn Europa hatte das Geheimnis der Chinesen gelüftet und gelernt, selbst Seide herzustellen.

Wie gelangt die Seide in den Westen?

Zu Beginn des christlichen Zeitalters war die Herstellung von Seidengeweben im Abendland nicht völlig unbekannt. Bereits um 300 n. Chr. beginnt man, im römischen Syrien sowie im Sassanidenreich Seidenfaser aus China zu weben, vor allem in Susa, wobei die sassanidische Seide sowohl in den Westen als auch in den Orient ausgeführt wird.

Andererseits züchten auch die Griechen auf der Insel Kos Seidenraupen, die sie mit Eichenblättern füttern, und stellen Seidengewebe her, das aber der chinesischen Seide weit unterlegen ist. Die Chinesen füttern die Seidenraupen nämlich mit weißen Maulbeerblättern. Die lokale Produktion reicht offenbar nicht aus, um der Nachfrage im Abendland zu genügen, denn Seidenstoffe sind für den römischen Adel ein „Muss", und so führt der Westen ebenso wie der Mittlere Osten noch immer Seide aus China ein.

Seit dem 4. Jahrhundert unterbinden das Weströmische Reich und seine Nachfolgerstaaten jede Handelsbeziehung zum Orient; dies gilt jedoch nicht für das Oströmische Reich, das Byzantinische Reich, dessen Bedarf an Seide, Düften, Gewürzen, Weihrauch und anderen Luxusgütern stetig wächst. Das Reich und seine Hauptstadt Konstantinopel werden damals zum Inbegriff eines maßlosen Luxus, da man immer mehr Seide braucht, um den Glanz des Hofes zu steigern und die Kirchen zu schmücken.

Im 5. Jahrhundert beschließt jedoch Kaiser Justinian I. (482–565), die Monopole im Seidelhandel zu brechen. Zunächst versucht er, die Zwischenhändler zu umgehen, indem er sich an die Ägypter und die Äthiopier wendet, die auf dem Seeweg direkt mit China Handel treiben, hat jedoch keinen Erfolg.

Ideal wäre es natürlich gewesen, selbst Seide herzustellen, statt sie mit Gold von ausländischen, vor allem sassanidischen Zwischenhändlern zu kaufen. Doch das Geheimnis der Seidenherstellung ist den Byzantinern nicht bekannt.

Nun bitten im Jahr 552 zwei Mönche darum, beim byzantinischen Kaiser vorsprechen zu dürfen. Es wird vermutet, dass es sich um zwei persische Mönche aus der christlichen Sekte der Nestorianer gehandelt hat. Ihre Identität – persisch, türkisch, byzantinisch? – ebenso wie ihre Religion – nestorianische Christen, Buddhisten? – ist jedoch nicht bekannt. Sie behaup-

Die Seide von der Insel Kos

„Auch ihre [bombyces] Entstehung ist eine andere. Aus einem [...] Wurm, der zwei eigenartige Hörner hervorstreckt, wird zuerst eine Raupe, dann die sogenannte bombylis, daraus die necydallus und schließlich aus diesem nach sechs Monaten der bombyx. [Diese Insekten] weben [...] für die Kleidung und den Luxus der Frauen Gespinste, die man bombycinische nennt. Diese abzuwickeln und von neuem zu weben, erfand als erste eine Frau auf Kos, namens Pamphyle, Tochter der Platea, der man den Ruhm nicht absprechen kann, die Möglichkeit ausfindig gemacht zu haben, dass Kleidung die Frauen entblößt.
Bombyx-Insekten sollen auch auf der Insel Kos entstehen, und zwar dadurch, dass der Dunst der Erde die von den Regengüssen abgeschlagene Blüte der Zypresse, des Terpentinbaums, der Esche und Eiche zum Leben erweckt. Zuerst entstünden kleine, nackte Schmetterlinge, dann aber, da sie die Kälte nicht ertragen können, würden sie rau und haarig und bereiteten gegen den Winter dichte Hüllen, indem sie mit ihren rauen Füßen die Wolle der Blätter abschaben. Diese würden sie zu einem Vlies zusammenbringen und durch Krempeln mit ihren Krallen zurechtarbeiten, dann in Ketten ausziehen, wie mit einem Weberkamm zerzupfen, schließlich an den Körper legen und sich in das drehbare Nest einwickeln; alsdann würden sie vom Menschen weggenommen, in irdenen Gefäßen warmgehalten [...]. Den von ihnen gefertigten Kokon lasse man durch Feuchtigkeit erweichen und spule ihn dann auf einer aus Binsen gefertigten Spindel ab. Auch Männer schämten sich nicht, diese Gewänder wegen ihrer Leichtigkeit im Sommer anzuziehen: So weit haben sich die Sitten vom Tragen eines Panzers entfernt, dass sogar ein Kleid zur Last wird."

Plinius, *Naturalis historiae*, XI, XXVI–XXVII, 76–78.

Seite 148: Vasco da Gama (1460–1524). Bildnis von Gregório Lopes, um 1524. Vasco da Gama erreichte von Portugal aus die indische Küsten, indem er Afrika umsegelte.

Mosaik, vor 547, stellt den byzantinischen Kaiser Justinian I. (482–565) mit seinem Gefolge dar. Zum Gefolge gehören zwei Diakone, der Erzbischof Maximian von Ravenna, zwei Patrizier und die Leibgarde.

ten, sich im Land der Serer (Seidenhersteller = Chinesen) aufgehalten und gelernt zu haben, dass die „Seide von bestimmten Raupen erzeugt wird, denen die Natur diese Kunst beigebracht hat". Die beiden Mönche bieten an, nach China zurückzukehren, um Eier des Seidenspinners zu entwenden. Für Justinian ist das ein Glücksfall, und er ermutigt die beiden Männer, ihr Vorhaben weiterzuverfolgen. So brechen die beiden Mönche auf und erfüllen ihren Auftrag der „Industriespionage" in der Oase von Hotan. Zwei Jahre später kehren sie mit Eiern des Seidenspinners nach Byzanz zurück. Die wertvolle Fracht haben sie in ihren zu diesem Zweck ausgehöhlten Pilgerstäben aus Bambus versteckt.

Auch wenn diese Geschichte mutmaßlich eine Legende ist, muss festgestellt werden, dass man seit jener Zeit im Byzantinischen Reich Seide herzustellen beginnt. Da Justinian die Bedeutung der Seidenraupenzucht erkennt, erklärt er sie zum staatlichen Monopol. Gleichzeitig entwickeln sich die Handelsbeziehungen zwischen Konstantinopel und Zentralasien. So kommen 568 Abgesandte des türkischen Reiches nach Konstantinopel, da die Türken ihre Seide dort direkt verkaufen wollen, ohne auf Zwischenhändler, und vor allem nicht auf die Perser, ihre sehr mächtigen Nachbarn, angewiesen zu sein.

Die Zucht der Seidenraupen gewinnt im Byzantinischen Reich an Bedeutung, und in dem Maße, in dem die Araber ihre Expansion betreiben, entwickelt sich die Seidenraupenzucht nicht nur im arabischen Spanien, sondern auch in Italien und Frankreich.

In Italien entstehen die Seidenwerkstätten zunächst im Süden des Landes, denn im 12. Jahrhundert siedelt der König von Sizilien, Roger II. – ein Nachfahr der Normannen, die im 11. Jahrhundert auf Sizilien gelandet waren –, byzantinische Seidenweber in Palermo an und gründet so die erste italienische Seidenmanufaktur. Die Beziehungen zwischen den weströmischen und den oströmischen Christen sind zu jener Zeit sehr schlecht. Im Laufe der Kriege, die Roger gegen die Muslime Syriens und Tunesiens führt, nutzt er jede Gelegenheit, um die byzantinischen Gebiete, die er durchquert, auszuplündern, und verschleppt alle Seidenarbeiter, deren er in Griechenland, auf Euböa, in Korinth oder in Theben habhaft werden kann, nach Sizilien. Im 12. Jahr-

A G D T

hundert ist also die Seidenraupenzucht an den Toren Westeuropas angelangt.

Nur für kurze Zeit gelingt es Siziliens, das Geheimnis der Seidenherstellung zu hüten. Seit dem 13. Jahrhundert werden die Raupenzucht und die Vermarktung des Gewebes bereits in Frankreich erwähnt: Man begegnet der Seide 1234 im Departement Gard und 1290 sogar in Paris. Frankreich und Italien sind während des ganzen Spätmittelalters und zu Beginn der Neuzeit die wichtigsten Seidenhersteller in Europa.

Mehrere italienische Städte profitieren von der Seidenindustrie: Lucca, in dem sich die Seidenwebereien seit dem Ende des 13. Jahrhunderts entwickeln und das seine Erzeugnisse insbesondere auf den Messen in der französischen Champagne oder auch im belgischen Brügge verkauft; Venedig, wo man die Webeverfahren von den Byzantinern erlernt hat; und Florenz, das sich auf das Weben schwerer Brokate aus Seide, Gold und Silber spezialisiert hat. Da jedoch Ende des 15. Jahrhunderts einerseits immer noch chinesische Seide importiert wird – sie ist hochwertiger als die europäische – und andererseits die französischen und italienischen Seidenproduzenten nicht den Bedarf decken können, beschließt der französische König Ludwig XI. 1466, in Lyon eine Seidenmanufaktur zu gründen, da sich die Stadt nicht nur an der Rhône befindet, sondern auch an der Kreuzung bedeutender europäischer Handelsstraßen. Im Übrigen arbeiten zahlreiche italienische Kaufleute und Bankiers in der Stadt.

Doch die italienischen Seidenhändler wollen die Gründung einer königlichen Manufaktur für Gold- und Seidentücher in Lyon mit allen Mitteln verhindern. Da aber der König beabsichtigt, der Stadt Lyon für die Manufaktur eine Steuer von 2000 Livres aufzuerlegen, zeigen auch die Oberen der Stadt wenig Begeisterung für das Projekt. Schließlich ändert Ludwig XI. seine Meinung und richtet die Seidenfabrik in der Nähe von Plessis-les-Tours ein. Diese Fabrik wird der offizielle Lieferant des französischen Hofes.

Um die italienische Wirtschaft zu ruinieren, verbietet der französische König Franz I. – der eine Wirtschaftspolitik betreibt, die man als „protektionistisch“ bezeichnen könnte – 1517 die Einfuhr von mit Gold oder Silber veredelten Seidenstoffen. Die italienischen

Gemälde der Seidenwebergilde in Venedig. Anonymes Werk aus dem 15. Jahrhundert. Die ersten Seidenweber gibt es auf Sizilien, nicht in Venedig: Es sind Griechen aus Euböa, Korinth und Theben, die von König Roger II. nach Sizilien verschleppt werden.

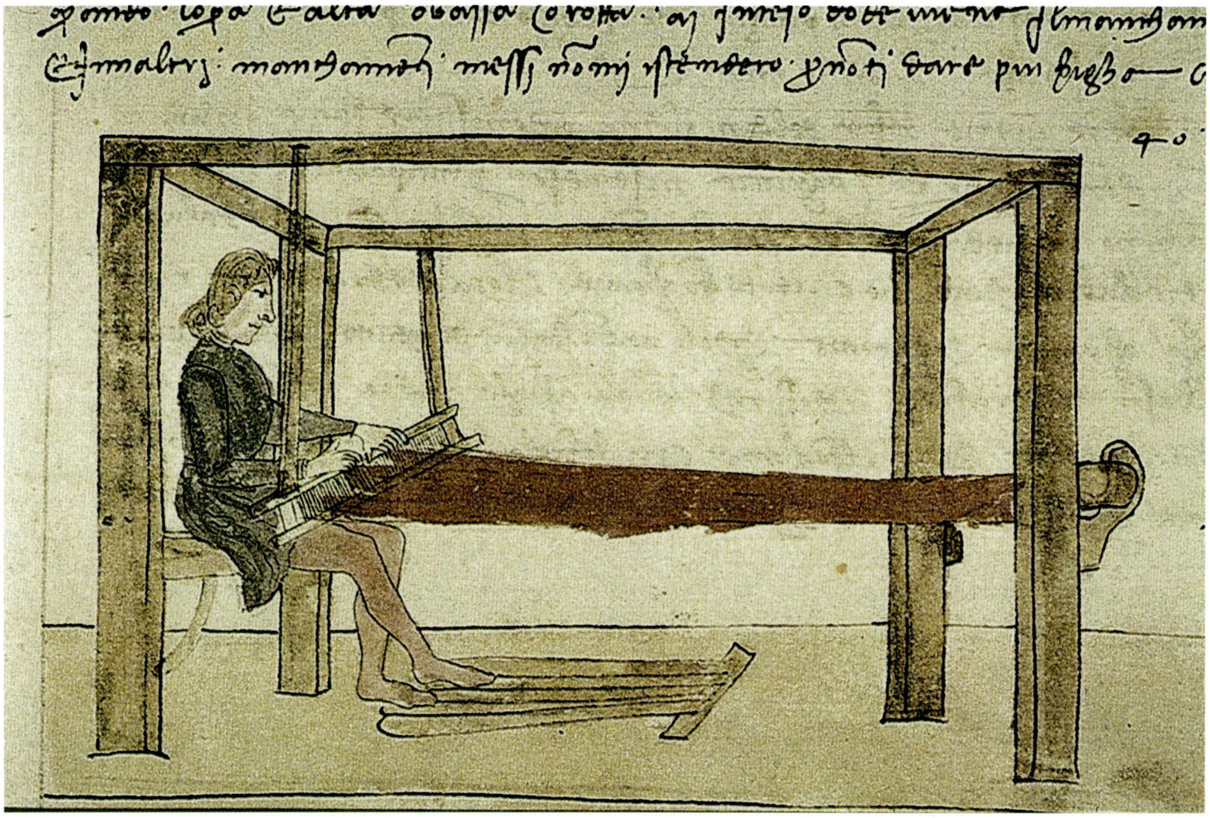

Abhandlung über die Kunst der Seidenweberei in Florenz: Einigen italienischen Städten kam die Seidenindustrie zugute: Genua und Venedig, die die Seidenherstellung von den Byzantinern übernahmen; Lucca, dessen Erzeugnisse nach ganz Europa ausgeführt werden; Florenz, das sich auf das Weben schwerer Stoffe wie etwa der Brokate spezialisierte.

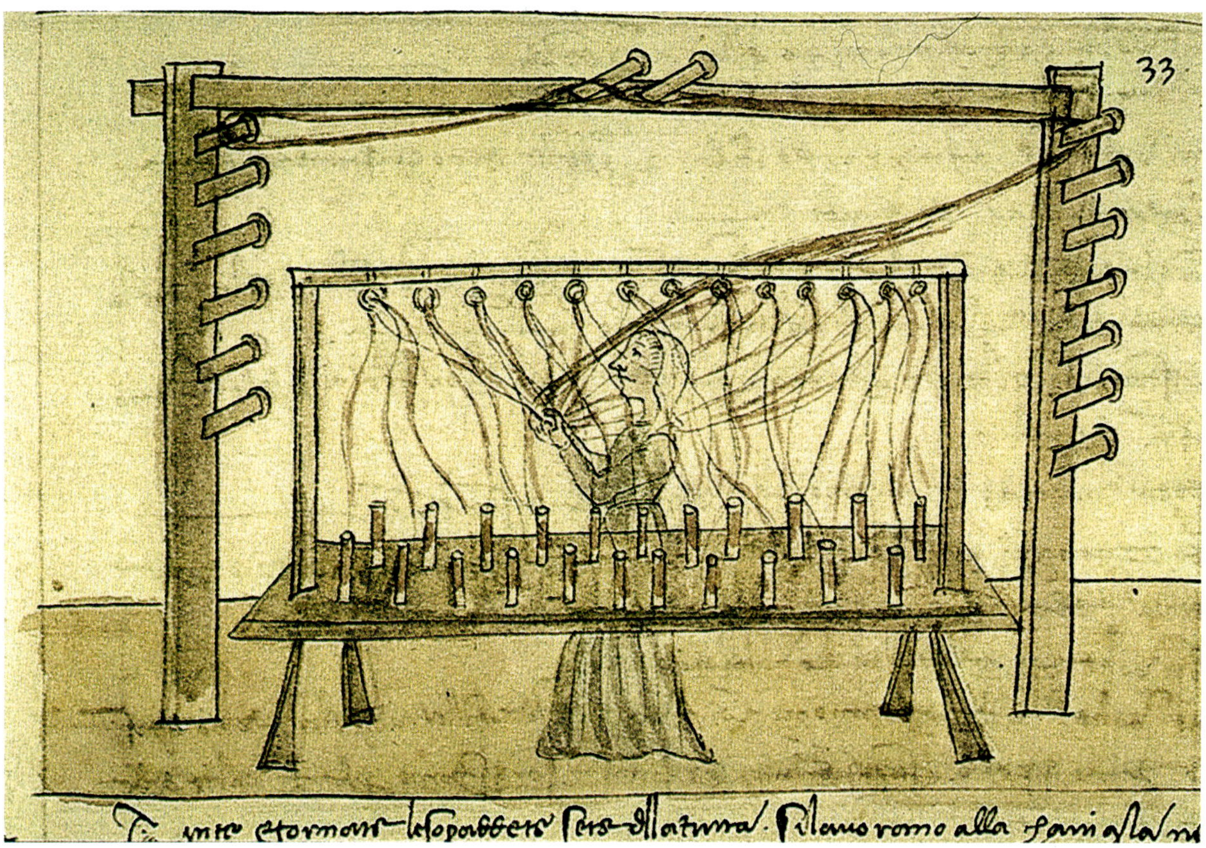

Franz I. bei einem Besuch der Seidenmanufaktur von Lyon. Den Plan zur Gründung dieser Manufaktur hatte ursprünglich Ludwig IX. Die Umsetzung scheiterte allerdings am Widerstand der in Lyon ansässigen italienischen Seidenhändler.

Lyoneser reagieren darauf, indem sie versuchen, Seidenstoffe an Ort und Stelle herzustellen. Franz I. erlaubt schließlich den beiden Piemontesen Étienne Turquet und Barthélemy Nariz, in Lyon italienische Seidenarbeiter anzusiedeln, jedoch unter der Amtsgewalt und der Aufsicht des Stadtrats von Lyon. 1536 wird das Projekt, eine Seidenmanufaktur in Lyon zu gründen, wieder aufgegriffen. Diesmal wird das Vorhaben von Franz I. in die Tat umgesetzt, denn die Stadt will den Wettbewerb zwischen den in Lyon ansässigen italienischen Kaufleuten und den Lyoner Kaufleuten kontrollieren. Außerdem ist der König der Meinung, dass zu viel Gold und Silber als Zahlungsmittel für die Seidenstoffe, die von den Italienern auf den Messen von Lyon oder auch auf den Märkten der Champagne angeboten werden, Frankreich verlässt.

Seiten 154–156: Tafeln aus der *Abhandlung über die Kunst der Seidenweberei in Florenz.* Zunächst begnügen sich die italienischen Städte damit, den aus China importierten Seidenfaden zu verarbeiten. Sie stellen noch keine eigene Seide her. In Frankreich kommt diese Idee schließlich im ausgehenden 16. Jahrhundert auf.

Die Lyoner Seidenindustrie wächst. Sie deckt bald nicht nur den französischen Bedarf, sondern wird führend in Europa. Fast die ganze Stadt ist mit dem Produkt und seiner Herstellung beschäftigt. Es entsteht eine Art „Familienbetrieb“, wie Luce Boulnois schreibt: „Alle Waisenkinder werden als Lehrlinge in die Lyoner Manufaktur geschickt. Die Seidenarbeit wird aufgeteilt zwischen Männern, Frauen und Kindern, nach einer für das Abendland eigentümlichen Arbeitsteilung […]: Die Frauen haspeln ab, spinnen, spulen auf; die Männer weben; die Kinder verrichten

Oben: Stich von Stradanus aus einem Werk über die Seidenraupe für den Florentiner Raffaele de' Medici. „Werden oft sehr viele Tausende von Seidenraupen gleichzeitig gesponnen, so schmücken sie die Stoffe der Frau."
Rechts: Stoffe von Tassinari und Chatel mit Schwertlilienmotiv.

Hilfsarbeiten. Ganze Familien sind von Generation zu Generation in der Manufaktur tätig, was zu einem beruflichen Sachverstand ohnegleichen führt."

Mitte des 16. Jahrhunderts gibt es zwei große Seidenmanufakturen in Frankreich, eine in Tours, die andere in Lyon, und beide stehen in einem verbissenen Wettkampf miteinander. Ende des 16. Jahrhunderts ruft König Heinrich IV., der bemüht ist, die französische Wirtschaft im Allgemeinen und insbesondere die Seidenindustrie zu fördern, mithilfe des Ökonomen Barthélemy de Laffemas und des Agronomen Olivier de Serres ein umfangreiches Programm zur Errichtung und Entwicklung der Seidenindustrie ins Leben, und zwar gegen den Rat des protestantischen Ministers Sully, der Sittenstrenge und Erlasse gegen den Luxus anempfiehlt, die darauf

abzielen, das Tragen von Luxusgewändern zu verbieten. Dennoch beschließt der König unter anderem die Gründung der Gobelin-Manufaktur in Paris und die Anpflanzung von 15000 Maulbeerbäumen für die Raupenzucht im Bois de Boulogne.

Diese Entschlossenheit, die Luxusgüterindustrien in Frankreich zu entwickeln, setzt sich auch mit der merkantilistischen Politik Colberts unter Ludwig XIV. durch. Colbert richtet in Lyon das einzige Zollamt für Seidengewebe ein, erlässt Importbeschränkungen und hebt die internen Zölle zwischen den französischen Provinzen auf. Man muss jedoch anmerken, dass die Widerrufung des Edikts von Nantes, das die französischen Hugenotten vor Repressalien geschützt hatte, im Jahre 1685 zu einer massenhaften Abwan-

Links: Webstuhl der Manufaktur Rubelli.
Unten: Verbringen der Seidenraupen auf Büsche oder Roste und Fütterung der Kokons, nach einem Stich von Stradanus aus einem Werk über die Seidenraupe für Raffaele de' Medici. „Ist die Raupe [erst] ordnungsgemäß aus dem Ei geschlüpft, webt sie – am Maulbeerbaum haftend – geschwind ihr Gewebe.

derung hugenottischer Seidenarbeiter in die Schweiz, in die deutschen Staaten oder nach Holland führt.

Durch die politischen Entwicklungen der Folgejahre erlebt die Seidenindustrie erst in den Jahren 1840 bis 1850 in Lyon, Tours und in den Cevennen einen neuen Aufschwung. Dafür sind die Verwendung der Jacquard-Maschine, die Entdeckung neuer Färbeverfahren durch die Fortschritte in der Chemie sowie die Eisenbahn verantwortlich.

Die Seidenregionen Frankreichs

1470 beschließt König Ludwig XI., der die Region Touraine liebt, eine Seidenmanufaktur in Tours zu gründen. Zu diesem Zweck lässt er Seidenarbeiter aus Lyon

Oben: In Frankreich hergestellte Posamenten aus Seide.
Links: Prächtiger Stoff aus der Manufaktur Tassinari und Chatel.

kommen, und sehr bald wird die Seidenherstellung an der Loire in mächtigen Gilden organisiert. Da der Hof sich meistens in Tours aufhält, trägt er ebenfalls zum Erfolg dieser neuen Industrie bei.

In der Touraine heißen die Seidenraupenhäuser, in denen die Seidenraupen gezüchtet werden, „verreries" oder „verries". Die Zuchten sind im Allgemeinen in Felsnischen in stillgelegten Steinbruchstollen untergebracht. Die Seidenindustrie von Tours gedeiht bald, und 1550 leben in Tours fast 40 000 Menschen von der Seidenarbeit: Es sind Raupenzüchter, Spinner, Weber, Färber, Posamentierer, Bandweber/-wirker, Sticker und Händler. Die Seidendamaste, Brokate, Samte und Tafte aus Tours sind weltweit bekannt und geschätzt. Doch auch die Seidenindustrie in Tours kommt zum Erliegen, als Ludwig XIV. 1685 das Edikt von Nantes widerruft. Zahlreiche der hugenottischen Seidenarbeiter wandern nach England und Holland aus, sodass 1689 in Tours nur noch 120 Seidenwebstühle in Betrieb sind. Erst zu

Oben: Alte Postkarte, die die Spinnerei von Champ-la-Liourre, in Chomérac, Departement Ardèche, zeigt.
Unten: Seidenraupenhaus in den Cevennen. Die Gebäude wurden oft nach und nach erhöht, damit die für die fünf Entwicklungsstufen der Raupen nötigen Roste übereinander geschichtet werden konnten. Durch Rauchabzüge in jeder Ecke des Gemeinschaftsraums versuchte man, eine konstante Raumtemperatur zu halten. Die Seideraupenhäuser hatten eine überdachte Terrasse, auf der man die Kokons im Schutz vor Regen oder Sonneneinstrahlung abhaspeln konnte.

Au nombre des causes les plus actives de la flacherie accidentelle, il faut placer, outre la fâcheuse habitude de l'accumulation des vers, la trop grande élévation de température au

moment des mues. A cette époque critique de sa vie, le ver à soie ne s'accommode ni d'une température trop basse, ni d'une

Beginn des 18. Jahrhunderts erfährt die Industrie wieder einen Aufschwung, der Mitte des 19. Jahrhunderts seinen Höhepunkt erreicht, als die Stoffe aus Tours auf den Weltausstellungen 1867 und 1878 prämiert werden.

In Lyon existiert die Seidenindustrie seit Mitte des 16. Jahrhunderts, aber erst Ende des 16. Jahrhunderts erlebt die Lyoner Seide einen wahren Aufschwung. Die Zucht des Maulbeerbaums entwickelt sich in der Region und sogar über deren Grenzen hinaus. Im 18. und 19. Jahrhundert konzentrieren sich die meisten Maschinen zum Zwirnen der Seide und die meisten Webstühle auf die Stadt selbst, hauptsächlich auf das Croix-Rousse-Viertel. Im 19. Jahrhundert leben die Seidengroßhändler am Fuße des Croix-Rousse-Hügels, und die Lyoner Seidenarbeiter, die man „canuts“ nennt, arbeiten zu Hause in typischen Familienwerkstätten mit sehr hohen Decken, damit die Jacquard-Ma-

Unten: Foto einer Seidenzwirnerei im Departement Ardèche als Postkarte. Die Seidenraupenzucht findet in den Cevennen statt, aber die Zwirnereien sind überwiegend in Aubenas angesiedelt.

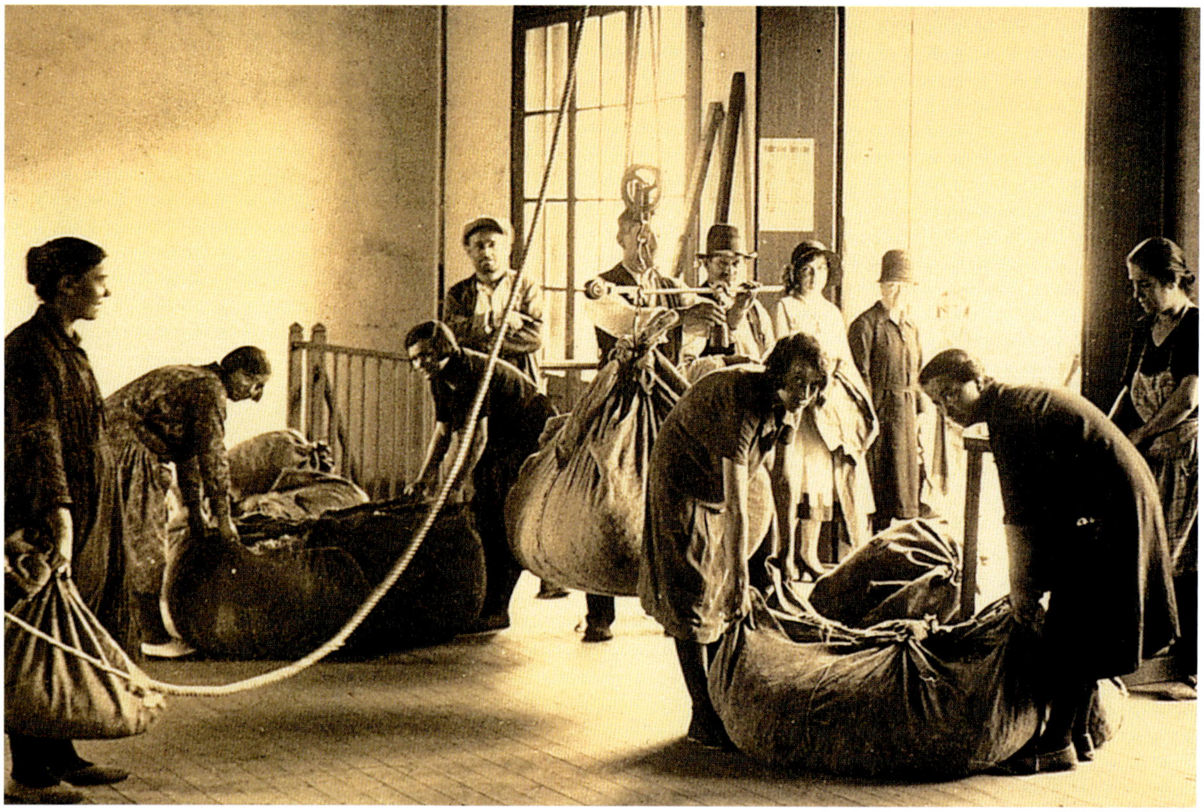

Oben: Abwiegen der Kokons in der Seidenraupenzuchtgenossenschaft von Alès im Departement Gard. Die Seidenstoffe Südfrankreichs werden vornehmlich in Nîmes, Montpellier und Alès hergestellt. Dort sind auch die großen Firmen zur Vermarktung der Seide ansässig.
Unten: Einsammeln der Kokons im Schutz der überdachten Terrasse, der sogenannten „couradou".

Oben: Eine Tätigkeit, die Geschicklichkeit erfordert: Kartenschlagen in der Manufaktur Trois Tours.
Links: Plakat zur Zeit der Vichy-Regierung, in dem für die Pflanzung von Maulbeerbäumen geworben wird. Darauf ist eine Spinnerei zu sehen, die wegen Mangel an Kokons geschlossen wurde.
Unten: Diese alte Postkarte zeigt eine schwierige und Sorgfalt erfordernde Tätigkeit: das Verknüpfen der einzelnen Seidenfäden beim sogenannten Zwirnen der Seide.

schinen darin untergebracht werden können. Ein weiteres Charakteristikum, das mit der Seidenherstellung zusammenhängt und in der Lyoner Gegend stets sichtbar ist, sind die „traboules" – ein durch die Wohnhäuser führendes und daher überdachtes Netz von Verbindungsgängen, auf dem Seidenstoffe an den Händler geliefert werden konnten, ohne sie ungünstigen Witterungseinflüssen auszusetzen und somit zu beschädigen. Eine der bedeutendsten Folgen der Ansiedlung der Seidenindustrie in Lyon am Ende des Ancien Régime und Anfang des 19. Jahrhunderts ist zweifellos das Aufkommen einer echten Arbeiterklasse, die von 1831 bis 1834 ihre Ansprüche geltend macht, indem sie sich mehrfach in sehr heftigen Revolten auflehnt, die aber von den Machthabern jedes Mal hart niedergeschlagen werden. Um die Seidenarbeiter „mundtot zu machen" und ihre Bewegung zu zerschlagen, sind die Lyoner Kaufleute zu-

Seite 166: Stoff aus der Manufaktur Tassinari und Chatel – Rosen und Farne mit einer zarten Verbindung von Rosa- und Grüntönen.
Rechts: Ein sehr schöner Stoff aus der Manufaktur Rubelli, dessen exotische Motive und schillernde Farben an die Plakate der Kolonialausstellung von 1931 erinnern.
Unten: Prachtstoff aus der Manufaktur Tassinari und Chatel mit klassischem Muster: zentraler Blumenstrauß und Blütenumrahmung.

nehmend bestrebt, die Seidenherstellung ins Umland zu verlagern.

Das wirtschaftliche Klima ist günstig für die Errichtung einer neuen Industrie in den Cevennen und in der Region Nîmes. Bis 1709 ist die Kastanie das einzige wirtschaftliche Gut der Cevennen, und 1709 stirbt ein Großteil der Bäume infolge eines sehr harten Winters ab. Um sie zu ersetzen, kommt man auf den Gedanken, Maulbeerbäume anzupflanzen, die zwar empfindlicher, aber auch rentabler sind. So entwickelt sich die Seidenraupenzucht in den Cevennen und es entstehen die ersten charakteristischen Cevenner Seidenraupenhäuser: Die Haustiere werden im Erdgeschoss, die Bewohner im ersten Stock und die Seidenraupen auf dem Dachboden untergebracht, wobei die Hauswände aus unregelmäßigen, mit kleinen Öffnungen durchbrochenen Steinen bestehen und das Dach mit kleinen Rohrleitungen versehen ist, die dafür sorgen, dass frische Luft in die Seidenraupenfarm gelangt und die Temperatur konstant bleibt. Während die Seidenraupenzucht und ein Teil der Herstellung in den Cevennen – vor allem Wirkwaren und Seidenstrümpfe – und die Zwirnerei in Aubenas angesiedelt sind, erfolgt die Herstellung von Seidenstoffen und deren Vermarktung in Nîmes, Montpellier und Alès.

Die europäische Seidenindustrie in der Neuzeit

Seit Beginn der Neuzeit bis ins 19. Jahrhundert hinein ist die europäische Seidenindustrie abhängig von den Launen der Mode und dem Druck auf die französischen und italienischen Seidenraupenzuchten, immer mehr Kokons zu produzieren, um der unablässig steigenden Nachfrage zu genügen. Dieser Herausforderung kann sich die französische und italienische Seidenindustrie dank des technischen Fortschritts stellen: Nach den ersten Entwürfen für mechanische Webstühle ab dem späten 17. Jahrhundert und Lochkartenwebstühlen im 18. Jahrhundert geht 1808 die erste Jacquard-Maschine in Betrieb; schließlich wird 1860 das Fuchsin erfunden, ein roter künstlicher Farbstoff, auch Anilinrot genannt, der die

Unten: Detailansicht einer gestickten Seidentunika aus der Qing-Dynastie. Bewundernswert ist die Feinheit der Zeichnung, des Gewebes und die Farbauswahl.
Seite 169: Ein Stoff von Tassinari und Chatel mit sehr schönem orientalisierenden Motiv, das warme und kalte Farben kühn und glücklich verbindet.

Seite 170: Baal-Tempel in Palmyra, Syrien, 32 v. Chr. Die historische Stätte von Palmyra wurde Mitte des 18. Jahrhunderts von Robert Wood und James Dawkins „entdeckt".

Farbindustrie revolutioniert. Nur die Seidenraupenzucht und die Seidenfadenerzeugung – bis hin zum Abhaspeln der Kokons – erfahren weder große Neuerungen noch eine Steigerung der Produktivität. Dieser europäische Rückstand führt regelmäßig zu Lieferengpässen. Im 19. Jahrhundert kann Europa den Bedarf noch immer nicht aus eigener Produktion decken. Daher müssen regelmäßig große Mengen an Seide eingeführt werden: Zwischen 1850 und 1900 kauft Europa 50% der Rohseide, die es verarbeitet, in China ein, und nach Frankreich ist England das zweitwichtigste Importland für chinesische Seide. Andererseits kauft Westeuropa damals eher Seidenfaden, Webgarn, Kokons und Seidenabfälle oder -abgänge statt gewebter chinesischer Seidenstoffe, mit Ausnahme der Krepps und Pongés aus Wildseide, die während des Ersten Weltkrieges sehr geschätzt sind. Die Entscheidung, eher halb fertige Produkte (Seidenfaden) statt fertige Erzeugnisse (bereits gewebte Seidenstoffe) zu importieren, lässt sich mühelos damit erklären, dass alle großen europäischen Seidenstädte – mit Lyon an der Spitze – die Arbeitslosigkeit fürchten und somit ihre Arbeiter beschäftigen müssen. Auch muss berücksichtigt werden, dass Ende des 19. Jahrhunderts die Webverfahren in China noch sehr urtümlich waren.

Die Mode ist „äußerst wechselhaft, unlogisch, unbegreiflich, führt zu schnellem Reichtum und spektakulärem Ruin", schreibt Luce Boulnois. In der Tat ist im 15. und 16. Jahrhundert der Samt in Mode; im 17. Jahrhundert sind es Satin und Taft; im 18. Jahrhundert Stoffe mit großen Mustern, die Bäume, Früchte, Tiere usw. und vor allem chinesische Motive darstellen. Damals sind der Orient und die Chinoiserien in Mode: Montesquieu schreibt die *Lettres persanes*; chinesische Zimmer öffnen in den großen europäischen Schlössern fast überall ihre Türen – so etwa in Versailles, Schönbrunn, Sanssouci usw. Die Seidenstoffe sind mit Motiven wie Pagoden, Bambushainen oder chinesischen Affen geschmückt; Lack, Porzellan und chinesischer Nippes dringen in die reichen Häuser und Salons vor. Schließlich verbannt gegen Ende des 18. Jahrhunderts eine neue Laune der Mode die Seide und die Chinoiserien in den Schrank und zieht gemusterte Baumwollstoffe aus Indien und Persien vor.

Während der Revolution und im frühen 19. Jahrhundert sind in fast ganz Europa eher Kriege und Sparmaßnahmen an der Tagesordnung: Die Stoffe sind weniger prachtvoll, man zieht die Bequemlichkeit und Wärme von Baumwolle und Wolle dem Luxus der Seide vor.

Spione und Archäologen entdecken die Seidenstraße

Die Seidenstraße scheint also seltsamerweise in Vergessenheit geraten zu sein. In der Zeit vom Sturz der mongolischen Yuan-Dynastie 1368 und dem Aufstieg der Ming-Dynastie bis zum 17. Jahrhundert scheint kein einziger Europäer auf der Seidenstraße nach China gereist zu sein. Die Muslime beherrschen ganz Zentralasien bis zum Tarim-Becken und verweigern den Europäern die Passage. Erst 1603 führt ein portugiesischer Jesuit namens Bento de Góis (1562–1607) eine Expedition an – mit dem Auftrag, die Beziehung zu den christlichen Gemeinden, die im westlichen und nördlichen China eventuell noch bestehen, wieder aufzunehmen. De Góis bricht von Lahore in Pakistan mit 500 Begleitern, 400 Soldaten und einer Karawane mit Kamelen und Maultieren

Oben: Karawane in der ägyptischen Wüste, um 1882. Zu dieser Zeit ist der Orient in Mode, und aus strategischen Gründen versuchen alle europäischen Länder, Beziehungen zu den Ländern des Nahen Ostens zu unterhalten.
Seiten 172–173: Die großen Säulen und der monumentale dreiteilige Triumphbogen von Palmyra zeugen vom Ruhm und der vergangenen Macht der Stadt, einer einst wichtigen Station an der Seidenstraße.

Seiten 174–175: Westlicher Rand der großen Säulenreihe von Palmyra in Syrien. Wegen ihrer Lage an der Seidenstraße zwischen Mittelmeer und Persischem Golf gelangte Palmyra zu Reichtum.

auf, reist durch Peschawar und erreicht Kabul, wo er sich acht Monate lang aufhält. Anschließend nimmt die Karawane ihren Weg wieder auf und durchquert das Pamir-Gebirge auf den Spuren Marco Polos, bevor sie nach Yarkand hinabsteigt, wo sie im Winter 1603 eintrifft. De Góis muss fast ein Jahr lang warten, bis eine Gesandtschaft nach China aufbricht; er nutzt die Gelegenheit, um Hotan zu erkunden, und erst im November 1604 begibt er sich wieder auf die Straße nach Norden, macht in Aksu und in Kutscha halt, bevor er Turfan, Hami, die Wüste Gobi und Su-Chao erreicht, von wo aus er einen Brief an nach Beijing sendet. De Góis stirbt 1607, kurz nachdem er die Antwort auf seinen Brief erhalten hat. Die Seidenstraße gerät wieder in Vergessenheit.

Oben: Sven Hedin auf seiner großen Expedition, die ihn von 1927 bis 1935 in die Wüste Gobi und ins chinesische Turkestan führte.
Unten: Um 1930, Sven Hedin zeigt seinen mongolischen Trägern, wie man den Spirituskocher benutzt.

Oben: Palmyra. Grabmal in Gestalt eines Turms mit quadratischer Grundfläche, dessen Öffnung nach Südwesten zeigt.
Unten: Palmyra. Ansicht des Baal-Tempels.

Die ersten, die die versunkene Pracht der Seidenstraße wiederentdecken, sind zwei britische Reisende Mitte des 18. Jahrhunderts: Robert Wood und James Dawkins. Sie durchqueren die syrische Wüste und besuchen die Ruinen von Palmyra. Im darauffolgenden Jahrhundert kommt China wieder verstärkt in Mode, und die Europäer interessieren sich besonders für die westlichen Provinzen, für das Tarim-Becken und die Taklamakan-Wüste, und zwar nicht aus „touristischen", sondern aus höchst strategischen Gründen. Die Gegend liegt an der Grenze dreier Reiche: dem russischen Zarenreich, dem chinesischen Kaiserreich und dem britischen Empire, das damals Indien und einen Großteil des indischen Subkontinents beherrscht. Es ist die Zeit der Abenteurer, Forschungsreisenden und Spione, die zumeist für die Nachrichtendienste ihrer Heimat arbeiten. Sie erforschen die Landstriche im Norden Tibets und erzählen fantastische und mysteriöse Geschichten über vom Wüstensand verschlungene Städte und mythische Schätze.

Diese Forscherspione werden jedoch sehr bald nicht nur von britischen und russischen, sondern auch von französischen, deutschen, japanischen und US-amerikanischen Expeditionen abgelöst, die zum Sturm auf das Pamir-Gebirge, das Tarim-Becken und die Taklamakan-Wüste ansetzen. Denn Ende des 19. und Anfang des 20. Jahrhunderts gewinnen die archäologischen, geografischen, ethnologischen, zoologischen und mineralogischen Interessen dieser Expeditionen die Oberhand über strategische Erwägungen. Archäologen wie der Schwede Sven Hedin (1885), der Brite Sir Aurel Stein (1900), der Franzose Paul Pelliot (1906–1909), der Deutsche Albert von Le Coq (1906), der Russe Pjotr Kozlow oder der Amerikaner Langdon Warner (1923) machen damals atemberaubende Entdeckungen, legen sowohl archäologische Funde von großer Schönheit frei als auch äußerst wertvolle buddhistische Schriften oder prächtige Wandmalereien aus der Tang-Dynastie. Diese Archäologen sind gleichzeitig Gelehrte, romantische Forschungsreisende, Sportler und Abenteurer in der Art von Indiana Jones. Sie entdecken die seit dem Ausgang des Mittelalters vergessenen Landwege der Seidenstraße wieder, erfinden sie aber gleichzeitig neu. Der Ausdruck „Seidenstraße" wurde zum ersten Mal im 19. Jahrhundert vom deutschen Geografen Ferdinand Freiherr von Richthofen (1833–1905) gebraucht, der für diese Generation „romantischer" Wissenschaftler typisch ist.

In jüngerer Zeit wurden in mehreren die Seidenstraßen säumenden Städten Ausgrabungen unternommen, so etwa in Samarkand, Merw, Ktesiphon und Palmyra. Zunehmend werden auch Satelliten, die den Archäologen helfen, den genauen Verlauf der alten Seidenstraßen zu ermitteln, eingesetzt. Hier werden zukünftige Forschungsarbeiten noch einige interessante Erkenntnisse liefern.

Seite 178: Sven Hedin, als mongolischer Pilger gekleidet, bei seiner zweiten Expedition nach Zentralasien von 1899 bis 1902.
Oben: Zweite Expedition Sven Hedins nach Zentralasien (1899–1902): Zeltlager am Pangong-See. Die Region ist für Europäer, die sich hier-her vorwagen, nicht ganz sicher. So sind auf dem Foto unten der Kosak Schagdur, Sven Hedin und der Lama Schereb in mongolischen Mönchsgewändern zu sehen, damit sie von der lokalen Bevölkerung nicht belästigt werden.

Wichtige Persönlichkeiten

Olivier de Serres (1539–1619)

Olivier de Serres, der in den französischen Geschichtsbüchern als „Vater der französischen Landwirtschaft" bezeichnet wird, hat Ende des 16. Jahrhunderts auch zur Entwicklung der Seidenraupenzucht beigetragen. Als Pionier in diesem Bereich beginnt er, auf seinem Gut in Pradel Maulbeerbäume anzupflanzen. Im November 1598 ist sein guter Ruf dem König zu Ohren gekommen und er wird an den Hof gerufen. Dort stellt er sein Werk *Le théâtre d'agriculture et mesnage des champs* [Von Ackerbau und Feld-

Seidenwebstuhl in der Manufaktur Trois Tours in Frankreich.

Bildnis des „Vaters der französischen Landwirtschaft" Olivier de Serres, der viel für die Seidenraupenzucht in Frankreich getan hat.

bestellung] vor, in dem er all seine landwirtschaftlichen Entdeckungen und Versuche verzeichnet hat. König Heinrich IV. ist an den Versuchen Olivier de Serres' sehr interessiert, stellt ihn unter seinen Schutz und beschließt im Februar 1599, das Kapitel aus *Le théâtre d'agriculture* veröffentlichen zu lassen, das sich mit der Seidenraupenzucht befasst: *Traité de la cueillette de la soie par la nourriture des vers qui la font* [Abhandlung über die Gewinnung der Seide durch die Fütterung der Seidenraupen]. Da sich diese kleine Schrift als „Verlagserfolg" erweist, lässt Olivier de Serres im darauffolgenden Jahr *Le théâtre d'agriculture* vollständig drucken. Im selben Jahr bittet Heinrich IV. den Agronomen, ihm 20000 Maulbeerbaumsetzlinge zu liefern, um sie in den Tuilerien und in Fontainebleau anzupflanzen.

François Le Traucat

Ebenfalls unter der Herrschaft Heinrichs IV. leitete ein weniger bekannter Gärtner aus Nîmes, François Le Traucat, die intensive Zucht des Maulbeerbaums in

Oben: In Frankreich, in der Manufaktur Trois Tours, geht das alte Wissen nicht verloren. Die Seide wird heute noch nach traditionellen Verfahren verarbeitet.

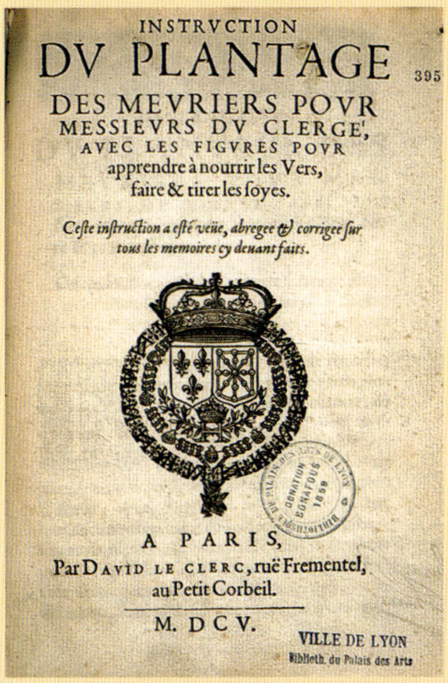

INSTRVCTION
DV PLANTAGE 395
DES MEVRIERS POVR
MESSIEVRS DV CLERGE',
AVEC LES FIGVRES POVR
apprendre à nourrir les Vers,
faire & tirer les ſoyes.

Ceſte inſtruction a eſté veüe, abregee & corrigee ſur tous les memoires cy deuant faits.

A PARIS,
Par DAVID LE CLERC, ruë Frementel,
au Petit Corbeil.

M. DCV.

VILLE DE LYON
Biblioth. du Palais des Arts

Anweisung zum Anbau von Maulbeerbäumen mit Abbildungen, um zu lernen, wie man Seidenraupen füttert und Seide herstellt; 1605.

Südfrankreich ein. Er lässt etwa vier Millionen Maulbeerbäume aus seinen Baumschulen im Languedoc und in der Provence anpflanzen.

Jacques Vaucanson (1709–1782)

DER IM FEBRUAR 1709 IN GRENOBLE geborene Jacques Vaucanson ist zuerst als Automatenhersteller bekannt, bevor er zum Inspektor der Seidenmanufakturen wird. Nachdem er in Italien Seidenraupenzuchten, Spinnereien, Seidenzwirnereien und -webereien besucht und ähnliche französische Werkstätten inspiziert hat, zieht er 1744 eine sehr negative Bilanz bezüglich der Organisation und Arbeitsweise der französischen Seidenfabriken und erfindet eine Webmaschine für gemusterte Stoffe, die Jacquard später verbessern wird. Auch schlägt Vaucanson vor, Pilotfabriken zu gründen. Als einzige wurde die königliche Manufaktur in Aubenas gegründet, die im Juni 1752 ihre Tore öffnet. Die an der Ardèche gelegene königliche Manufaktur beherbergt auch eine Schule, in der Spinnerinnen und Zwirnerinnen ausgebildet werden.

Joseph-Marie Jacquard (1752–1834)

AUSGEHEND VOM FALCON-WEBSTUHL VON 1728, der ein Lochkartensystem benutzt, entwickelt Joseph-Marie Jacquard einen Webstuhl, der seinen Namen trägt und 1801 auf der Ausstellung für nationale Industrieerzeugnisse in Paris zum ersten Mal vorgestellt wird. Auf dem Jacquard-Webstuhl werden die Schlingen oder Kordeln durch verschiedene Lochkarten für die zu webenden Muster ersetzt. Durch die Löcher der Karten stechen Nadeln, die die Litzen heben, auf denen die Kettfäden angebracht sind. Der Weber kann die Lochkarten mithilfe eines Pedals voranschieben und den Webstuhl mit der Hand betätigen. Der Jacquard-Webstuhl ermöglicht nicht nur den Einsatz von fast zehn verschiedenfarbigen Fäden, sondern auch das Weben immer komplexerer Muster. Im 19. Jahrhundert trägt diese Erfindung wesentlich dazu bei, die Kinderarbeit abzuschaffen, beschert ihrem Erfinder aber auch Enttäuschungen, denn die über den Verlust des Familieneinkommens wütenden Lyoner Seidenarbeiter (canuts) hätten Jacquard um ein Haar in die Rhône geworfen. Joseph-Marie Jacquard stirbt 1834.

Neue Wege der Seidenstraße

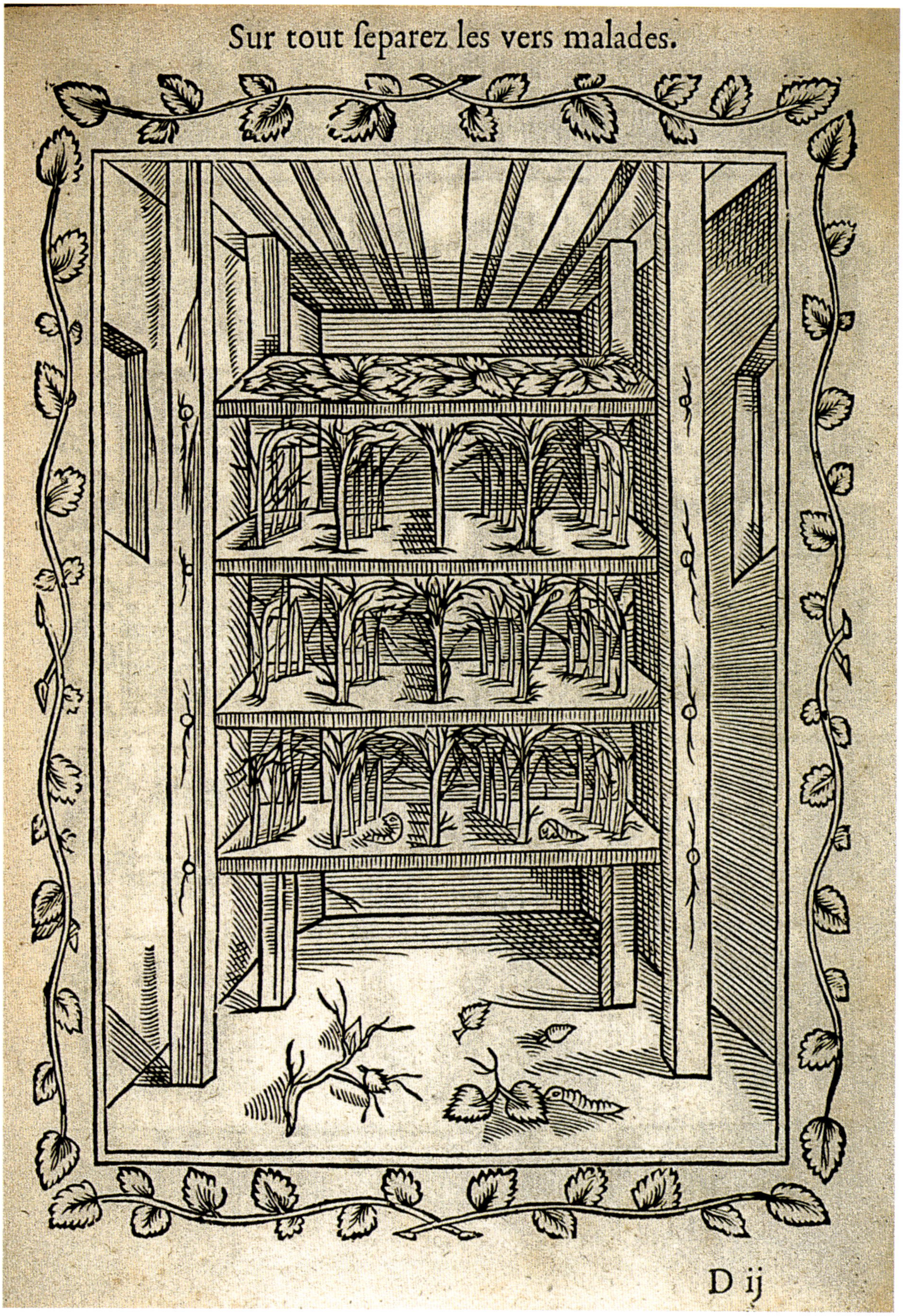
Sur tout ſeparez les vers malades.
D ij

Mitte des 19. Jahrhunderts macht die Seidenindustrie eine sehr schwere Krise durch. Die verschiedenen Erkrankungen der Seidenraupe treffen die Seidenraupenzucht sehr hart und lösen den Zusammenbruch des Seidenpreises aus.

Die Krisen der Seide

In Frankreich brechen 1845 die ersten Pébrine-Epidemien aus. Pébrine ist eine Krankheit der Seidenraupe, die von einem einzelligen parasitären Erreger hervorgerufen wird, den die Raupe mit der Nahrung aufnimmt. Das äußere Symptom der Krankheit sind braune pfefferkornartige Flecken auf der Haut der Raupe. Oft stirbt die Raupe, aber einige befallene Tiere können ihren Kokon spinnen und zu Schmetterlingen werden, die Eier legen und die Krankheit so auf die nächste Generation übertragen. Seit 1845 nimmt die Epidemie beständig zu. Seidenraupenzüchter und Wissenschaftler kämpfen vergebens gegen die Krankheit an. Eine Bittschrift der Seidenraupenzüchter und Honoratioren aus dem Departement Gard an den Senat ist nötig, damit der berühmte Chemiker und Mikrobiologe Louis Pasteur in die Cevennen entsandt wird. Pasteur stellt fest, dass der Parasit erblich übertragen wird, und empfiehlt eine strenge Auslese: Er untersucht die fortpflanzungsfähigen Schmetterlinge und zerstört die Eier, die Krankheitssymptome aufweisen. Dieses Verfahren erweist sich als sehr wirkungsvoll, und 1869 ist die Krankheit besiegt. Der berühmte Forscher entdeckte im Übrigen eine weitere Erkrankung der Seidenraupe: die Flacherie (Schlaffsucht), deren Ursache noch nicht genau bekannt ist. Aufgrund seiner Forschungen gilt Pasteur als der „Retter der Seidenraupenzucht", und die Stadt Alès errichtet ihm sogar ein Denkmal.

Der Obstbaumkrebs, eine Pilzart, kann ebenfalls bewirken, dass Tausende von Maulbeerbaumsetzlingen eingehen. Das einzige Mittel, diesen Pilz zu bekämpfen, besteht darin, den Setzling auszureißen und zu verbrennen. Auch Blattläuse können gewaltige Schäden verursachen.

Während es in Europa gelingt, den Krankheiten der Seidenraupe recht schnell Einhalt zu gebieten, sieht es in China ganz anders aus. Dort geht die Seidenproduktion derart zurück, dass Anfang des 20. Jahrhunderts

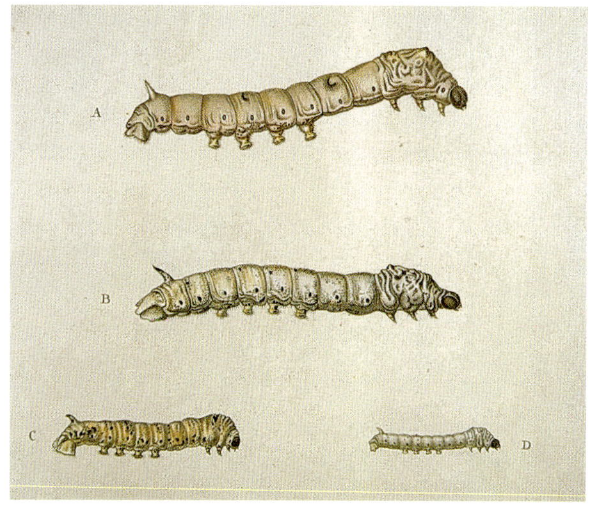

Oben: Abbildung aus dem Buch *Études sur la maladie des vers à soie* (Abhandlung über die Krankheit der Seidenraupen) von Louis Pasteur, der 1867 gerufen wurde, um die Pébrine zu erforschen, die in der Seidenraupenzucht in den Cevennen ausgebrochen war.
Unten rechts: Mikroskop, mit dem Pasteur die Krankheiten der Seidenraupen studierte. Dabei untersuchte er die fortpflanzungsfähigen Schmetterlinge, um Krankheitssymptome aufweisende Eier zu zerstören (Pasteur-Institut, Lyon).

Seite 184: Holzschnitt aus dem 17. oder 18. Jahrhundert: „Vor allem sondern Sie die kranken Raupen aus."
Oben: Inschrift am Gebäude der Seidenaufbewahrung in Lyon. „Durch seine Entdeckungen im Bereich der Krankheiten der Seidenraupen ... hat Pasteur die Seidenraupenzucht vor dem Zusammenbruch gerettet. 1865–1870. Die Handelskammer von Lyon, die Seidenindustrie und der Seidenhandel erweisen ihm hiermit ihre Dankbarkeit."

Europa, das Mitte des 19. Jahrhunderts noch die Hälfte der benötigten Seide aus China bezog, nunmehr kaum 25 % in China kauft.

Für den schleichenden, allgemeinen Niedergang der Seidenindustrie sind Krankheiten und Parasiten nicht allein verantwortlich. Dazu kommen weitere, vor allem wirtschaftliche und soziologische Faktoren.

Zunächst ändert im ausgehenden 19. Jahrhundert das Bürgertum, das bis dahin gern Seide getragen hatte, seine Kleidungsgewohnheiten und gibt anderen Stoffen wie der Baumwolle und der Wolle den Vorzug, die weniger edel, dafür aber strapazierfähiger und weniger kostspielig sind.

Ein weiterer Schlag für die Seidenproduktion und den -handel in Europa ist die Eröffnung des Suez-Kanals im Jahr 1869. Seitdem sinken die Transportkosten für asiatische Seide, die bereits im Ankauf günstiger sind, beträchtlich, sodass die asiatische Seide den europäischen Markt nach und nach überschwemmt.

Der Erste Weltkrieg versetzt der europäischen Seidenindustrie einen ernsten Schlag, denn er zwingt die Staaten, die ihre Industrie auf den Krieg und nicht mehr auf die Produktion von Luxusgütern ausrichten, sich außerhalb Europas mit Seide zu versorgen. Aber die Schiffswege in den Orient sind kaum passierbar, die Seide ist keine vorrangige Handelsware mehr und die Seidenarbeiter sind an der Front. Die große Zeit der Seide ist vorbei.

Zwischen den beiden Weltkriegen erlebt der Seidenhandel einen gewissen Aufschwung. Nach dem großen Blutbad von 1914–1918 versucht sich Europa mit den Partys, Bällen und Abendgesellschaften der wilden Zwanzigerjahre zu betäuben. Man will die Schicksalsschläge und Entbehrungen des Krieges vergessen machen und in Saus und Braus leben: Die Seide kehrt kraftvoll zurück. Doch diesmal ist es nicht mehr die Zeit der schweren Oberkleidung; es ist die Epoche der leichten, geschmeidigen, sinnlichen, geheimen, erotischen Seide. Es ist die Zeit der weiblichen Unterwäsche, der Seidenstrümpfe und der Strumpfhaltergürtel, der Bettwäsche aus Crêpe de Chine, die für maßlose und anstößige Lust stehen.

Es müssen also wieder Seidenkleider hergestellt werden, aber von nun an kommt die in Europa verwendete Seide eher aus Japan. Übrigens werden 1923 über drei Viertel der chinesischen Seidenraupenzuchten von Krankheiten befallen. Japan und die Seide aus Yokohama gehen als Sieger hervor.

Unterdessen zeichnet sich für die natürliche Seide eine neue Form der Konkurrenz ab: Kunstseide oder Reyon. Außer dem Reyon, das auch Zellwolle oder Viskose genannt wird, wird auch Azetat produziert, eine Kunstfaser, die der Seide sehr ähnlich ist und die insbesondere für Damenunterwäsche verwendet wird. Diese neuen, deutlich preiswerteren Fasern drängen unmittelbar nach dem Zweiten Weltkrieg massiv auf den europäischen Markt. Zur selben Zeit beginnt in den meisten europäischen Ländern eine

Oben: Dose mit Eiern des Seidenspinners. 1500 Eier wiegen etwa ein Gramm.
Links: Kriegsplakat zur Ermutigung der Seidenindustrie. Wie auf dem Plakat zu sehen, wird Seide zum Beispiel für Fallschirme und Ballons verwendet.

In einem großen Seidengeschäft in Shanghai haben die augenscheinlich entzückten Kundinnen die Qual der Wahl.

große Landflucht, die dazu führt, dass aus der westeuropäischen Seidenindustrie eine immer exklusiver werdende Luxusgüterindustrie entsteht. Die Seide versucht zu überleben, indem sie sich der Haute Couture annähert. Zu Beginn der 1960er-Jahre gelingt es ihr, sich in der Mode durchzusetzen.

Inzwischen hat die chinesische Seidenproduktion eine interessante Entwicklung durchgemacht. Als China Ende der 1940er-

Jahre kommunistisch wird, ist die Seidenindustrie fast verschwunden, und es liegt dem kommunistischen Regime unter Mao-Zedong fern, sie wieder aufleben zu lassen. Da die kommunistischen Herrscher aber bald erkennen, dass die Seide eine wichtige Devisenquelle ist, kurbelt China ab den 1950er-Jahren die Seidenindustrie an und baut sie sogar zum Spitzensektor aus, der fähig ist, es mit der japanischen Seide aufzunehmen, und der nicht nur die ehemaligen Ostblockstaaten, sondern auch den Westen überschwemmt. Die neuen Handelswege der Seide sind nun ausschließlich Seewege: Von den chinesischen Häfen wird die Seide nach Singapur, Colombo, Aden, Port Said und nach Europa verschifft, oder aber sie überquert den Pazifik und nimmt Kurs auf den amerikanischen Kontinent.

Präsentation einer Seidenkleiderkollektion bei einer großen Modenschau in Shanghai.

Die Seide heute: Erlebt sie eine Renaissance?

Im Bereich der Konfektionskleidung exportieren die Länder, die früher Seidenstoffe nach Europa lieferten – China, Japan und Korea –, heute fast nur Fertigwaren. Da nun der Import von Fertigprodukten teurer ist als der Import von Kokons oder Rohseide, sind die europäischen Länder bestrebt, ihre nationalen Industrien zu entwickeln, um die Handelsbilanzen auszugleichen. Dank der Unterstützung des Europarats, der Europäischen Union, der UNESCO und auch regionaler französischer Organisationen scheint die Seidenindustrie in Frankreich nun eine Art Renaissance zu erleben. Doch es geht nicht darum, Seide wie früher herzustellen. So ist zum Beispiel die Lyoner Seidenindustrie vielseitiger geworden und stellt jetzt auch Zellulose- und Kunstfasern her. Die Seidenweberei wird kaum noch selbst betrieben, sodass es insbesondere die Lyoner Seidenfirmen heute vorziehen, das Gewebe in Asien einzukaufen, um es in Frankreich zu färben und zu verarbeiten.

Allerdings sind die traditionellen Jacquard-Webstühle nicht völlig verschwunden: Einige sind noch in Betrieb, so etwa im Haus der Lyoner Seidenarbeiter [„maison des Canuts"], und werden vor allem dazu gebraucht, äußerst kostbare Seidenstoffe für die in Staatsbesitz befindlichen historischen Möbel und Einrichtungsgegenstände der französischen Krone oder für wohlhabende Privatkunden zu weben. Andererseits webt man nicht mehr nur Seide, denn die Textilindustrie kann nur bestehen, wenn sie mit der Zeit geht. Heute zum Beispiel dient eine ganz neue Generation von Webstühlen der Herstellung von Verkleidungen aus Glasfaser, die in der Flugzeugindustrie eingesetzt werden. Auch in den Masten bestimmter Rennboote werden diese Glasfasergewebe eingesetzt.

Heutzutage ist die Seidenfaser, oft ohne dass man es genau bemerkt, überall anzutreffen. Sie ist nicht nur in Kleidung und Accessoires enthalten (in Krawatten, Schuhen, Hemdblusen, Spitzen, Schärpen,

Seite 189: Das Haus der Seidenarbeiter [La maison des Canuts] in Lyon. Die Arbeit des Webers auf seinem Seidenwebstuhl wird auch „bistanclac" genannt, eine Lautmalerei, die den verschiedenen Geräuschen des Webstuhls entspricht: „bis" steht für das Rascheln der Spule auf dem Webstuhl; „tan" für die Geräusche, die von den Pedalen der Mechanik erzeugt werden; und „clac" für den Ton, den das Holzstück erzeugt, wenn es sich senkt.
Seiten 190–191: Seidenwebstuhl in der Manufaktur Trois Tours.

Oben: Kunstvoll und sorgfältig bezieht Monsieur David, Möbelpolsterer in Versailles, hier einen Sessel.

Unten: Die Firma Tassinari und Chatel. Sessel aus verschiedenen historischen Epochen mit Seidenbezügen.

Unten: Ein Webstuhl im Haus der Seidenarbeiter [La maison des Canuts] in Lyon; einige Webstühle sind noch heute zur Herstellung von Stoffen für antike Möbel im Einsatz.

Fächern, Stick- und Nähfäden/-garnen, Damenunterwäsche, Schals, Kimonos, Regenschirmen, Bändern usw.), sondern auch in Stoffen für die Inneneinrichtung (Polstern, Wandteppiche, Vorhängen usw.), in Isoliergeweben für elektrische Leitungen, Schläuchen für Rennräder, Bespannungen von Tennisschlägern, Fahnen, Angelschnüren, Fall- oder Gleitschirmtüchern, Zahnseide, Nähfaden für die Chirurgie usw.

Wie die Region Lyon haben auch die Cevennen seit den 1980er-Jahren eine neue Blüte ihrer Seidenindustrie zu verzeichnen. Aber im Gegensatz zu Lyon sind hier alle Stufen der Seidenherstellung vertreten, vom Anbau der Maulbeerbäume und der Zucht der Seidenraupen bis hin zum Spinnen, Weben und der Vermarktung des Fertigprodukts.

Unten: Die Seidenstraße in der Wüste Gobi. Das chinesische Fremdenverkehrsamt sowie verschiedene spezialisierte Reisebüros bieten Entdeckungsreisen auf der Seidenstraße an, zumindest auf den chinesischen Abschnitten.

Dass Venedig bis ins 16. Jahrhundert eine unermesslich reiche, mächtige und bewunderte Stadt war, hat es vor allem seiner Mittlerrolle zwischen Arabern und Europäern, zwischen Orient und Okzident zu verdanken. Da sie sich diese Lage zunutze zu machen wussten, konnten die Dogen und die reichen venezianischen Familien prunkvolle Paläste und Kirchen entlang der Kanäle errichten.

Oben: Samarkand (Usbekistan). Samarkand, wo heute noch ebenso wie vor 2000 Jahren mit Seide gehandelt wird, erlebte seine Blütezeit, als Timur es zu seiner Hauptstadt machte. Die Stadt verdankt ihren Wohlstand der geografischen Lage, am Knotenpunkt zweier wichtiger Abschnitte der Seidenstraße, ebenso wie seinen Bewohnern, die verschiedenen Volksgruppen angehören.

Die Wege der Seidenstraße im 21. Jahrhundert

Gibt es die Seidenstraße heute noch? Gewiss, im Prinzip ist es für abenteuerlustige Touristen noch immer möglich, von Xi'an – dem antiken Chang'an – auf einer der alten Seidenrouten nach Istanbul zu reisen. Aber die Reise ist sehr beschwerlich, mitunter sogar gefährlich. Von Xi'an bis Kaschgar ist die Straße recht gut und stellt im Übrigen noch immer die Hauptverkehrsader dar, die das Zentrum Chinas mit Zentralasien verbindet. In Kaschgar stehen dem Reisenden zwei Wege offen: Der erste Weg, der vor allem von den Lastwagen benutzt wird, durchquert das Karakorum-Gebirge und führt hinab nach Pakistan und Indien; ein zweiter Weg führt nach Westen, in die asiatischen Republiken der ehemaligen Sowjetunion; aber diese in schlechtem Zustand befindliche Straße ist seit Langem wegen der wiederholt auftretenden politischen Spannungen zwischen China und Russland gesperrt. Die südliche Teilstrecke dieser Straße, die früher über Afghanistan und den Iran in den Nahen Osten führte, ist ebenfalls gesperrt. Es bleibt also nur noch die nördliche Strecke, die durch die ehemaligen Sowjetrepubliken Zentralasiens und um das Kaspische und das Schwarze Meer bis in die Türkei führt. Diese Straße wäre befahrbar, sie führt aber durch mehrere Krisengebiete. Deshalb ist es heute sehr mühsam, wenn nicht gar unmöglich, von China aus über die Seidenstraße ans Mittelmeer zu reisen, und dies wird so

lange andauern, bis die nationalen Probleme einiger Länder gelöst sind und sich die internationalen Beziehungen in diesem Teil der Welt entspannen.

Es muss also festgestellt werden, dass es die Seidenstraße als solche nicht mehr gibt. Dennoch ist sie im Herzen und im Geist der Menschen noch immer sehr lebendig: Die Wege der Seide stellen heute und auch künftig nicht mehr eine Handelsbrücke zwischen zwei Welten dar, sondern vielmehr ein geistiges Band zwischen den Völkern. Diese Verbindung wird von Wissenschaftlern, Historikern, Geografen, Archäologen, Ethnologen, Journalisten, Fotografen, Reportern, Touristen und allen aufgeschlossenen Menschen aus aller Welt am Leben erhalten.

So förderte die UNESCO 1988 ein zehnjähriges Projekt zum Thema „Integral Study of the Silk Roads: Roads of Dialogue“. Für dieses Projekt wurden mehrere Expeditionen unternommen, um einige der Land- oder Seewege wieder zu beleben und den wissenschaftlichen, technologischen und kulturellen Austausch zwischen Orient und Okzident, zwischen Asien und Europa auf diesen Verbindungswegen vor Ort zu untersuchen. Ziel dieses Projekts war es, die plurale Identität und das gemeinsame Erbe in den Kulturen entlang der Seidenstraße zu erforschen sowie den Frieden zu fördern. So wurden vier internationale wissenschaftliche Expeditionen organisiert: im Juli/August 1990 die Expedition auf der Wüstenstrecke in China, von Xi'an nach Kaschgar; von Oktober 1990 bis März 1991 die Expedition auf dem Seeweg von Venedig nach Osaka; von April bis Juni 1991 die Expedition auf den Steppenwegen (Turkmenistan, Tadschikistan, Usbekistan, Kirgisistan und Kasachstan), und im Juli/August 1992 die Expedition auf dem Weg der Nomaden in der Mongolei. Das von Fernsehen, Presse und Rundfunk begleitete UNESCO-Projekt hat auch zu mehreren großartigen Ausstellungen geführt und einige wunderbare Bildbände hervorgebracht. Das Interesse der europäischen Welt am faszinierenden, schillernden Kaleidoskop, das wir Seidenstraße nennen, ist ungebrochen. Es bleibt die Hoffnung, dass der Landweg zwischen Asien und Europa eines Tages wieder durch Länder des Friedens und Wohlstands führen wird.

Oben: Mongolische Jurte im Altai-Gebirge.

Allgemeine Literatur

ANQUETIL, Jacques, *Routes de la soie. Des déserts de l'Asie aux rives du monde occidental. Vingt-deux siècles d'histoire,* Paris 1992.
AUDOUIN-DUBREUIL, Ariane, *Expedition Seidenstraße,* München 2003.
BAUMANN, Bruno, *Abenteuer Seidenstraße. Auf den Spuren alter Karawanenwege,* Hamburg 2005.
BAUMER, Christoph, *Die Südliche Seidenstraße. Inseln im Sandmeer. Versunkene Kulturen der Wüste Taklamakan,* Mainz 2002.
BOULNOIS, LUCE, *Die Straßen der Seide,* Wien, Berlin, Stuttgart 1964.
Die Seidenstrassen, du. Zeitschrift für Kultur, Nr. 753, Zürich 2005.
DRÈGE, Jean-Pierre, *Marco Polo und die Seidenstraße,* Ravensburg 1992.
DRÈGE, Jean-Pierre, *Seidenstraße,* Köln 2002.
Dschingis Khan und seine Erben. Das Weltreich der Mongolen, Kunst- und Ausstellungshalle der Bundesrepublik Deutschland, München 2005.
FRANZ, Heinrich Gerhard (Hrsg.), *Kunst und Kultur entlang der Seidenstraße,* Graz 1987.
GRUSCHKE, Andreas u. a., *Sand und Seide. Faszination der chinesischen Seidenstraße,* Freiburg im Breisgau 1990.
HAUSSIG, Hans Wilhelm, *Archäologie und Kunst der Seidenstraße,* Darmstadt 1992.
HAUSSIG, Hans-Wilhelm, *Die Geschichte Zentralasiens und der Seidenstraße in vorislamischer Zeit,* Darmstadt 1992.
HAUSSIG, Hans-Wilhelm, *Die Geschichte Zentralasiens und der Seidenstraße in islamischer Zeit,* Darmstadt 1994.
HEDIN, Sven, *Die Seidenstraße,* Leipzig 1936.
HÖLLMANN, Thomas O., *Die Seidenstraße,* München 2004.
HOPKIRK, Peter, *Die Seidenstraße. Auf der Suche nach verlorenen Schätzen,* Leipzig 1986.
HÜBNER, Ulrich, *Die Seidenstraße. Handel und Kulturaustausch in einem eurasiatischen Wegenetz,* Hamburg 2001.
KAUSCH, Anke, *DuMont Kunst Reiseführer Seidenstraße,* Ostfildern 2006.
KLIMKEIT, Hans-Joachim, *Die Seidenstraße. Handelsweg und Kulturbrücke zwischen Morgen- und Abendland,* Köln 1988.
Kunst an der Seidenstraße. Faszination Buddha. Eine Ausstellung des Museums für Indische Kunst, Berlin, hrsg. von Heinz Spielmann, Ostfildern 2003.
MESSERLI, Barbara E., *Seide. Zur Geschichte eines edlen Gewebes,* Hannover 1986.
MOLLAT, Michel, *Les explorateurs du XIIIe au XIVe siècle,* Paris 1984.
PABEL, Romy und Hilmar, *Auf Marco Polos Spuren. Expedition Seidenstraße,* München 1987.
RICHTER, Claus; BAUMANN, Bruno; LIEBNER, Bernd, *Die Seidenstraße. Mythos und Gegenwart,* Hamburg 1999.
RICHTHOFEN, Ferdinand Freiherr von, *Ueber die centralasiatischen Seidenstraßen bis zum 2. Jh. n. Chr.,* Berlin 1877.
SKYES, Sir Percy Molesworth, *Europa sucht China,* Leipzig 1938.
UHLIG, Helmut, *Die Seidenstraße. Antike Weltkultur zwischen China und Rom,* Bergisch Gladbach 1988.
Weihrauch und Seide. Alte Kulturen an der Seidenstraße. Eine Ausstellung des Kunsthistorischen Museums, in Zusammenarbeit mit der Staatlichen Eremitage in St. Petersburg. Hrsg. von Wilfried Seipel, Mailand 1996.
WRIGGINS, Sally Hovey, *Reisende auf der Seidenstraße. Auf den Spuren des buddhistischen Pilgers Xuanzang,* Hamburg 1999.

Reisebeschreibungen und geografische Werke

Ahbar as-Sin wa-l-Hind, Relation de la Chine et de l'Inde, verfasst im Jahr 851, übersetzt und kommentiert von Jean Sauvaget, Paris 1948.
LOTI, Pierre, *Die Entzauberten,* Berlin 1908.
POLO, Marco, *Die Reisen des Venezianers Marco Polo im 13. Jahrhundert,* bearb. und hrsg. von Hans Lemke, Köln 2001.
POLO, Marco, *Die Beschreibung der Welt. 1271–1295,* hrsg. von Detlef Brennecke, Stuttgart 2003.
POLO, Marco, *Die Wunder der Welt. Die Reise nach China an den Hof des Kublai Khan,* Frankfurt 2004.
Die Erzählungen aus den Tausendundein Nächten, zum ersten Mal nach dem arabischen Urtext der Calcuttaer Ausgabe vom Jahre 1839 übertr. von Enno Littmann, vollst. dt. Ausg. in 6 Bänden, Leipzig 1921, Neuauflage Wiesbaden 1953.
MYRDAL, Jan, *Die Seidenstraße,* Wiesbaden 1981.
PLANO CARPINI, Johannes de, *Geschichte der Mongolen und Reisebericht 1245–1247.* Johann de Piano Carpini, übers. u. erläut. von Friedrich Risch, Leipzig 1930 (Veröffentlichungen des Forschungsinstitutes für vergleichende Religionsgeschichte an der Universität Leipzig, H. 11).
GIESSAUF, Johannes, *Die Mongolengeschichte des Johannes von Piano Carpine.* Einführung, Text, Übersetzung, Kommentar, Graz 1995.
PLINIUS: *C. Plinii Secundi Naturalis historiae.* Libri XXXVII. Liber XI. C. Plinius Secundus d. Ä. *Naturkunde.* Lateinisch-Deutsch. Buch XI. Hrsg. und übers. von Roderich König in Zusammenarbeit mit Joachim Hopp, München, Zürich 1990.

Glossar

Baktrien: alte Landschaft in Zentralasien mit der Hauptstadt Baktra (Balkh, heute Afghanistan). Baktrien wurde von Alexander dem Großen im 4. Jahrhundert v. Chr. erobert, später stand es unter der Herrschaft der Seleukiden.

Brokat: gemusterter Seidenstoff mit eingewobenen Gold- oder Silberfäden. Das Muster wird dank eines zusätzlichen Schiffchens gleichzeitig mit dem Hintergrund gewoben. Der Name „Brokat" stammt vom italienischen *broccare* „durchwirken".

Buddhismus: Die buddhistische Lehre zählt zu den Weltreligionen und wurde von Siddhartha Gautama (um 560–486 v. Chr.) begründet, den seine Anhänger auch Buddha, „den Erleuchteten" nennen. Die buddhistische Lehre geht von dem Grundsatz der Wiedergeburt allen Lebens aus und davon, dass das Leben Leiden und Schmerz bedeutet; Ziel des Buddhisten ist es, sich von diesem Leiden zu befreien, indem er den *Edlen Achtfachen Pfad* befolgt, der ihn zur Erleuchtung führt und damit ins Nirwana, die vollkommene Leerheit und gleichzeitig Austritt aus dem Kreislauf des Lebens.

Burat: feste und strapazierfähige, aber recht grobe Seide, die aus Webabfällen hergestellt wird. Man verwendet sie insbesondere für Möbelbezüge.

Byssus (Muschelseide): seidenglänzende Gespinstfaser, die beim Kontakt mit Wasser hart wird. Die sie herstellenden Steckmuscheln verankern sich mit diesem stabilen Faden am Meeresgrund.

Crêpe de Chine: mattes, fließendes und sehr edles Material, feines, unregelmäßiges Oberflächenbild.

Damast: einfarbiges, sehr feines Seidengewebe, das ursprünglich aus Damaskus in Syrien stammt und eingewebte geometrische Muster aufweist.

Denier (Abk.: den): Einheit für die Fadenstärke bei Seidenfasern. Die Denier-Zahl entspricht dem Gewicht (in Gramm) von 9000 Metern Seidenfaden. Eine Angabe von 15 den bedeutet beispielsweise, dass 9000 m Faden 15 g wiegen.

Doupion: 1. Doppelkokon, der von zwei Raupen erzeugt wird, die ihre Fäden zu nah beieinander aussondern. 2. Gewebe aus Seidenfäden ungleicher Dicke, die aus Doppelkokons stammen. Die aus den Doppelkokons entstehenden, eigentlich fehlerhaften Garnunregelmäßigkeiten werden bei unterschiedlicher Bindung in Kette und Schuss als interessante Effekte geschätzt.

Flachwebstuhl: Webstühle, auf denen die Kette waagerecht gespannt ist.

Grège-Seide: ungezwirnter Naturseidenfaden. Der Faden sieht rau aus, denn er ist noch von Seidenleim (Sericin) umhüllt.

Entschälen, Degummieren: Abkochen der Seide in Seifenlauge, um den Seidenleim (Sericin), der den Faden umhüllt, zu entfernen.

Façonné: Zusatzbezeichnung für klein gemusterte, meist schaftbindige Gewebe aus unterschiedlichen Faserstoffen. Im Gegensatz zu den figurierten Geweben (Figurés) handelt es sich bei den Façonnés vorwiegend um klein gemusterte Stoffe mit Punkten, Rauten, Karos oder Blüten.

Flockseide: Seide aus dem Kokongerüst der Seidenraupe. Flockseide enthält mehr Serizin als andere Seidenfäden.

Franziskaner: 1209 von dem heiligen Franz von Assisi (um 1182–1226) gegründeter Bettelorden.

Haspel: kegelförmige Vorrichtung, auf die der Seidenfaden gewickelt wird.

Hinduismus: Die drittgrößte Religion der Welt basiert auf den heiligen Schriften, den Veden. Die Hindus beten mehrere Gottheiten an, z. B. Brahmâ, das höchste Wesen, und glauben an die Wiedergeburt.

Hochwebstuhl: Webstuhl, auf dem der Stoff senkrecht gewebt wird. Er dient meist zur Herstellung von Teppichen und Wandteppichen.

Islam: Der Islam ist die zweitgrößte Religion der Welt und wurde vom Propheten Mohammed (um 570–632) gepredigt und entwickelt. Er basiert auf dem heiligen Buch, dem Koran. Dieser lehrt, dass es nur einen Gott gibt und dass Mohammed sein Prophet ist. Der Begriff „Islam" hat die Bedeutung „Hingabe an Gott".

Jesuiten: katholischer Orden, der 1540 von Ignatius von Loyola (1491–1556) in Reaktion auf die protestantische Reformation gegründet wurde und missionarische Ziele anstrebt.

Karawanserei: großes befestigtes Bauwerk entlang der Karawanenstraßen mit Schlaf- und Speiseräumen sowie einem weitläufigen Innenhof, in dem sich die Lasttiere ausruhen können.

Kette, Zettel: in Längsrichtung verlaufende Fäden in einem Gewebe.

Krepp: Seidengewebe mit fein gekräuselter oder genarbter Oberfläche. Siehe auch: Crêpe de Chine.

Kushanas: Volk Zentralasiens, das vom ersten bis zum dritten Jahrhundert über den größten Teil Nordindiens sowie über Afghanistan herrschte.

Lamé: ganz oder teilweise mit Gold- oder Silberschüssen durchzogenes Gewebe, auch Gewebe aus mit Seide übersponnenen Metallfäden.

Litze: Hubelement für jene Kettfäden, mit denen ein Fach gebildet wird. Die Litzen besitzen dabei in ihrer Mitte ein Öhr, das sogenannte Litzenauge, durch das immer nur ein Kettfaden läuft.

Glossar

Ming-Dynastie: chinesische Kaiserdynastie, die von 1368 bis 1644 herrschte und unter der China einen bemerkenswerten wirtschaftlichen Aufschwung erlebte.

Moiré: Seidengewebe, dessen Schimmer sich je nach Betrachtungswinkel ändert. Der Begriff „Moiré" kommt vom arabischen *mohair*.

Mongolen: Nomadenstämme aus den Steppen, die heute das Gebiet der Mongolei umfassen. 1206 werden die mongolischen Stämme von Timurdschin vereinigt, der sich später Dschingis Khan nennen lässt.

Musselin: geschmeidiges und leichtes Seidengewebe mit leicht körniger Haptik.

Nestorianer: christliche Sekte, deren Lehre vom Patriarchen von Konstantinopel, Nestorius (gest. um 451), gepredigt wurde. Diese besagt, dass Christus zwei Naturen besitze, eine menschliche und eine göttliche, die in einem einzigen Leib vereinigt seien.

Organza: feines und durchsichtiges Seidengewebe mit körniger Haptik.

Parther: mit den Persern verwandter Stamm vom südöstlichen Ende des Kaspischen Meeres. Im 2. Jahrhundert v. Chr. herrschten die Parther über ein großes Reich, das sich bis Westasien erstreckte. Das Partherreich bricht 224 durch Erstarkung der Sassaniden zusammen.

Pébrine: Krankheit der Seidenraupe. Das Wort kommt vom provenzalischen *pebre* (Pfeffer), und zwar aufgrund der kleinen, pfefferkornähnlichen Flecken, die auf der Haut der befallenen Raupen zu sehen sind.

Pongé: leichtes, glattes und glänzendes Seidengewebe.

Sassaniden: persische Dynastie, die von 224 bis 651 herrschte. Ihr Reich, das sich von Mesopotamien bis zum Indus erstreckte, ging infolge der arabischen Eroberungszüge im 7. Jahrhundert unter. Hauptstadt der Sassaniden war Ktesiphon, südöstlich von Bagdad.

Satin: weich fließendes Material in Leinwandbindung. Satin besitzt eine glänzende und eine matte Gewebeseite.

Schantung: aus China stammendes, raues Seidengewebe.

Schappe, Schappeseide: aus nicht abhaspelbaren Teilen der Kokons versponnenes Seidengewebe.

Schuss: in Querrichtung verlaufende Fäden in einem Gewebe.

Seidenleim oder Serizin: klebriger Eiweißstoff, der die beiden Fibroinfasern, die den Seidenfaden bilden, zusammenhält und umhüllt.

Seidensamt: geschmeidiges Florgewebe aus Seide als Grundgewebe mit Viskoseanteil für den Flor.

Seldschuken: türkische muslimische Dynastie, die den Nahen Osten (Persien, Syrien, Kleinasien) vom 11. bis zum 13. Jahrhundert beherrschte.

Sogdien: historische Landschaft Zentralasiens an der Kreuzung der wichtigsten Seidenstraßen. Ihre Hauptstadt war Marakanda (Samarkand).

Spule: Auf die (Garn)spule wird der Schussfaden gewickelt. Diese Spule setzt man in das Weberschiffchen ein. Der Begriff Bobine bezeichnet auch die kleine Holzwalze, auf die man den Kettfaden aufwickelt, bevor er angezettelt wird.

Taft: leicht unregelmäßiges, glänzendes, steifes Gewebe aus Wildseide.

Timur: Nachdem er sich zum Nachfolger der mongolischen Kaiser ernannt hat, gründet der türkische Anführer Timur (1336–1405) ein ausgedehntes Reich um Samarkand, das sich von Südrussland bis in die Mongolei und von Nordindien bis nach Persien und Mesopotamien erstreckt.

Türken: Die ursprünglich aus Zentralasien stammenden Türken überfallen im 15. Jahrhundert das Byzantinische Reich und bringen unter Mehmet dem Eroberer Konstantinopel in ihre Gewalt. Das daraufhin entstehende Osmanische Reich erstreckt sich über den Nahen Osten, Kleinasien und den Balkan.

Twill: dichter und weicher, diagonal gewebter Seidenstoff.

Weberschiffchen: Vorrichtung zum Weben des Schusses. Das Schiffchen enthält den Schussfaden und führt diesen durch das von den Kettfäden gebildete Fach.

Webkante: Rand eines Gewebes.

Xinjiang: westliche Provinz Chinas, die „westliche Gegend" oder „neue Besitzungen" genannt wird und zu Beginn des 1. Jahrhunderts v. Chr. von der Han-Dynastie erobert wurde. Xinjiang besteht aus zwei gewaltigen Becken: dem Dsungarischen Becken im Norden und dem Tarim-Becken im Süden.

Xiongnu: Reiternomadenstämme aus den Steppen im Norden Zentralasiens. Seit dem 3. Jahrhundert v. Chr. führten die Xiongnu verheerende und regelmäßige Raubzüge in China und in den Königreichen Zentralasiens durch. Ihre Macht wurde erst im 1. Jahrhundert n. Chr. endgültig zerschlagen.

Zwirnen: Kordeln der Seidenfäden, um sie fester zu machen.

Register

Register

Abbildungsnachweis

AKG Paris: 30–31, 33 l, 35, 36, 40, 41, 52 o, 54, 55 o, 59 or, 64 o, 70, 71 ol, 72 or, 72 ol, 74 u, 74 o, 76 o, 88, 89, 92–93, 96–97, 99, 100–101, 103 ul, 104–105, 106, 107, 108–109, 110, 112–113, 116–117, 118–119, 120–121, 122–123, 124–125, 126, 127, 128, 129, 130, 131, 133 u, 133 o, 140, 141, 145, 146 u, 147, 148, 150–151, 157, 171, 176 u, 176 or, 176 ol, 178, 179 u, 179 o; **Boisvieux/Hoa-qui:** 48; **Bosio/Hoa-qui:** 58–59, 193 u; **Bourseiller/Hoa-qui**: 102 u, 194 ol; **British Library/AKG Paris:** 42, 142–143; **Wojtek Buss/Hoa-qui:** 75 o, 134–135; **Cameraphoto/AKG Paris:** 152–153; **De Wilde/Hoa-qui:** 75 u; **Donnet/Hoa-qui:** 132 u; **Durruty/Hoa-qui:** 51 r, 114–115, 132 o; **Lessing Erich/AKG Paris:** 34, 37, 52 u, 64 ur, 64 ul, 65 o, 83, 84, 90; **Kuntz Françoise/AKG PARIS:** 146 o; **Gellie/Hoa-qui:** 13 M, 16–17, 19 u, 20 ur, 20 uM, 21 o; **Mermet Gilles/AKG Paris:** 46–47; **Guedj/Hoa-qui:** 136–137; **Ponchon de St-André H./Tassinari und Chatel:** 25 r, 29 ur, 29 ul, 158 u, 167 u, 192 u; **Horner/Hoa-qui:** 77 ur, 194–195; **Nou Jean-Louis/AKG Paris:** 82; **Jouan-Rius/Hoa-qui:** 55 u, 86–87; **Sorges Jürgen/AKG Paris:** 60–61, 69, 73 o; **Latreille/Hoa-qui:** 32; **Lobo/Hoa-qui:** 80–81; **Walter Marc/Tassinari et Chatel:** 24–25; **Martel/Hoa-qui:** 182–183; **Ozil:** 8–9, 10 u, 10 o, 11, 12, 13 u, 13 o, 14, 15 u, 18, 19 o, 20 o, 23, 27, 102 o, 154 u, 154 o, 155, 156, 158 o, 159 u, 162 ur, 162 ul, 162 o, 163 u, 164 u, 164 o, 165 ur, 165 ul, 180 r, 181 u, 184, 185 ur, 185 ul, 185 o, 186 u, 186 o; **Almasy Paul/AKG Paris:** 50–51, 76 u; **Pölking/Nature:** 195 r; **Rigoulet/Hoa-qui:** 28, 29 o, 161 r, 165 o, 180 l, 181 o, 190–191, 192 o; **Roy/Hoa-qui:** 71 u, 77 o; **Rubelli:** 22, 159 o, 163 o, 167 o; **Sauer/Nature:** 49, 62–63; **Serena/Hoa-qui:** 91; **Camoisson Tarek/AKG Paris:** 170, 172–173, 174–175, 177 u, 177 o; **Tassinari und Chatel:** 160–161, 166, 169; **Troncy/Hoa-qui:** 56–57; **Ullens/Hoa-qui:** 77 ul; **Valentin/Hoa-qui:** 189, 193 o; **Visioars/AKG Paris:** 144; **Wang P./Hoa-qui:** 15 o, 20 ul, 21 u, 26, 66–67, 68, 103 o, 168, 187, 188; **Forman Werner/AKG Paris:** 33 r, 38, 39, 44–45, 53, 65 u, 72 u, 78–79, 85, 94, 103 ur, 139; **Wojtek/Hoa-qui:** 71 or, 73 u.